FENG SHUI

HARMONIE IM GARTEN

霖雨蒼生

Robert Pap

FENG SHUI
Harmonie im Garten

KOSMOS

Inhalt

Einleitung

Mit Feng Shui wird Vieles verbunden: Glück, Lebensfreude, Gesundheit und natürlich Erfolg.

Als ich das erste Mal mit Feng Shui in Kontakt kam, war ich skeptisch. Eine aus Asien stammende Philosophie soll auch bei uns in Europa funktionieren? Ich wollte es sehr genau wissen und schrieb als Abschluss meines Studiums der Landschaftsplanung eine Diplomarbeit zum Thema Geomantie und Feng Shui. Gleichzeitig besuchte ich zahlreiche Seminare und Vorträge aller großen Feng-Shui-Lehrer.

In den Jahren darauf folgte der Aufbau eines eigenes Feng-Shui-Instituts, eigene Seminar- und Ausbildungstätigkeit zum Feng-Shui-Berater, immer in Zusammenarbeit mit anderen Fachleuten wie Therapeuten und Architekten. Zahlreiche Gärten und Freiräume im öffentlichen Raum wurden von uns entworfen und geplant. Eine Kollegin meinte damals, ich solle doch ein Buch über Garten-Feng-Shui schreiben. Da ich im Nebenerwerb eine Landwirtschaft mit Schafzucht führe und beruflich und privat sehr aktiv bin, war die Zeit sehr beschränkt. Ich konnte mich nicht auch noch einem Buch widmen. Dem Kosmos Verlag ist es zu verdanken, dass es dieses Buch gibt, da er mir die organisatorische Arbeit abnahm.

Mit dem vorliegenden Buch möchte ich Ihnen einen Einblick in die Welt des Garten-Feng-Shui geben. Je nachdem, was für ein Mensch Sie sind und was Sie mit Ihrem Leben (in Ihrem Garten) vorhaben – Sie können mit Hilfe dieses Buches und einer Feng-Shui-Gestaltung Ihren Garten so verändern, dass Ihr maximales Potenzial an Lebenskraft zum Tragen kommt. Natürlich immer an ganz bestimmten Plätzen im Garten. Wie Sie dies sehr einfach umsetzen können, möchte ich Ihnen mit diesem Buch zeigen. Feng Shui im eigenen Garten angewandt kann zu einer wunderbaren Bereicherung werden.

WAS IST FENG SHUI?

Feng Shui ist vor 5000 Jahren in Asien entstanden und ist vergleichbar mit der Akupunktur beim Menschen. An ganz bestimmten Punkten wird eine Nadel gesetzt, um energetische Blockaden zu lösen. Die Lebenskraft Ch'i kann wieder fließen und der Mensch gesundet, sowohl emotional als auch körperlich.

WIE FUNKTIONIERT DAS?

Feng Shui verändert Außenräume und verändert damit uns in unserem Inneren.

Feng Shui ist eine Kunst und Wissenschaft, die den Zusammenhang zwischen dem Mikrokosmos Mensch und dem Makrokosmos Mitwelt aufzeigt und harmonisch zusammenfügt.

Die Veränderung bewegt uns und das ist gut so, denn Stillstand bedeutet Stagnation und eine Unterbrechung des Lebensstromes.

WO WIRD FENG SHUI ANGEWANDT?

Ein ausgeklügeltes System macht es möglich, über gezielte Veränderungen im Garten den Menschen wieder in seine Mitte zu bringen. Im Feng Shui verwenden wir keine Nadeln, sondern arbeiten mit Gestaltungsmaßnahmen, im Garten z.B. die Anlage eines Teiches oder ein Klangspiel auf der Terrasse. Im Garten-Feng-Shui wird neben der Gestaltung sehr viel Augenmerk auf die richtige Auswahl der Pflanzen gelegt. Jede Pflanze hat eine innere Symbolik, die wir uns zu Nutze machen können.

Es ist klar, dass es nicht *den* Feng-Shui-Garten geben kann. Kein Feng-Shui-Garten sieht so aus wie ein anderer, da diese Gärten auf uns Menschen genau abgestimmt sind.

Und wir sind alle Individuen, jeder von uns ist ein bisschen anders.

GESCHICHTE UND PHILOSOPHIE

Es ist nicht leicht, das Glück bei sich zu finden, doch es ist unmöglich, es anderswo zu finden.

Agnes Replier

Der asiatische Garten

Die Landschaft als große Schwester war stets Vorbild für die Gestaltung asiatischer Gärten. Alle Gestaltungsideen und Gesetzmäßigkeiten des Feng Shui basieren auf Beobachtungen, die über Jahrtausende hinweg der Landschaft entnommen wurden. Der asiatische Garten unterscheidet sich stark von westlichen Gärten. Geometrische Formen und Rasen, der an die Mongolen erinnert, fehlen ganz. Dagegen sind Steine in Kombination mit Wasser ein wesentliches Gestaltungselement. Die chinesischen und japanischen Gärten haben die Entwicklung der Gartenkunst der abendländischen Kultur sehr beeinflusst.

CHINESISCHER GARTEN

Auf drei Inseln vor der chinesischen Küste, die in einer berühmten Sage erwähnt werden, lebten die Hsien, die Unsterblichen. Sie bilden den Kern und den Ausgangspunkt für die jahrhundertelangen Bemühungen der chinesischen Gartengestalter.

Von Kaiser Sui Yang Li sind Erzählungen überliefert, wonach er mehrere Jahre über 100 000 Arbeiter beschäftigte und insgesamt 16 Paläste und Höfe erbauen ließ. Erde und Felsen wurden herbeigeschafft, um Hügel zu errichten. Fünf Teiche und vier riesige Seen wurden ausgehoben. Darin wurden drei Inseln angeschüttet. Ziel war es, die Unsterblichen anzulocken, damit sie ihr Geheimnis preisgeben. Die Hsien kamen leider nie, obwohl der Kaiser seine Zeit des Wartens mit taoistischen Praktiken und Diskussionen über die Unsterblichkeit verbrachte.

Es waren die Legenden der Hsien und nicht der Kaiser, die in China letztendlich Unsterblichkeit erlangten. Gartengestalter benutzten das Thema in befruchtender Weise über die Jahrhunderte hinweg. Mit dem Wissen dieser Legende ist es erst möglich, die verschiedenen Gartenformen überhaupt zu verstehen.

DER JAPANISCHE GARTEN

In der Blütezeit der chinesischen Gartenkunst im 8. Jh. n.Chr. entstanden die ersten japanischen Gärten. Nach jahrhundertelangem Kopieren chinesischer Gärten begannen japanische Gartenkünstler eigene Wege zu gehen, die aber die ursprüngliche Form mit den Inseln der Hsien als Leitbild hatten. Unter dem Einfluss des Buddhismus wurde Gartenkunst – speziell der Teich – zur religiösen Aussage in Entwurf und Form.

Im 16. Jh. wurden viele Gärten mit nur zwei Inseln gestaltet. Sie sind als Gärten mit dem Kranich und der Schildkröte bekannt. Eine Insel wurde dem Kranich, die andere der Schildkröte gewidmet und in einer späteren abstrakten Form einem stehenden und einem liegenden Stein zugeordnet. Im 19. Jh. wurde diese Tradition noch weiter abstrahiert. Die Inseln wurden ausschließlich durch Kiefern ersetzt und das Wasser durch weißen Sand, der wellenförmig gezeichnet war. Diesen Stil nennt man KARENSANSUI und ist für uns Europäer ein wesentliches Erkennungsmerkmal eines japanischen Gartens.

Der japanische Garten leitet sich vom chinesischen Vorbild ab.

Geomantie – Europäisches Feng Shui

Der Mirabellgarten in Salzburg lässt geomantische Prinzipien erkennen.

Der Begriff „Geomantie“ reicht bis in die vorchristliche Zeit zurück und stützt sich vor allem auf die Erfahrungen früherer und heute noch lebender Völker, bei denen dieses Wissen noch angewendet wird. Geomantie ist als europäisches Feng Shui zu verstehen, wobei sich die beiden Lehren aufgrund ihrer kulturhistorischen Prägung voneinander unterscheiden. Geomantie findet seine Anwendung vermehrt in der Landschaft und im Freiraum.

Die Natur wurde in früheren Zeiten als beseelt betrachtet. Jede Quelle, jeder Baum hatte seinen eigenen Geist, vor dem die Menschen Ehrfurcht hatten. Geomantie sieht sich als Wissenschaft und Kunst, die das Wissen von alten Völkern mit der modernen Welt verbindet und so zu einer neuen Sichtweise der Dinge gelangt. Das Wissen aus früherer Zeit bindet den Menschen in allen Seinsebenen mit ein. Der Mensch gestaltet auch durch seine Gedankenkraft seine Umgebung und umgekehrt. Er ist somit ständig Schöpfer seiner eigenen Welt.

Heilige Orte sind in der heutigen Zeit vermehrt in der unberührten Natur zu finden, doch gibt es diese Plätze auch im Stadtgebiet. Es existierten in fast jeder europäischen Hauptstadt heilige Orte, die heute meist durch Kirchen, Schlösser und Parkanlagen gekennzeichnet sind. Bis in das späte Mittelalter war es üblich, eine Gartenanlage nach geomantischen Kriterien anzulegen. Die Anlagen der Straßenzüge und Platzierungen der Gebäude nahmen Rücksicht auf die von der Natur vorgegeben heiligen Orte. Ein Garten erhielt dadurch sein energetisches und emotionales Gleichgewicht.

Eine sehr effektive Möglichkeit, geomantisch im eigenen Garten einzuwirken, ist die Lithopunktur, die Steinsetzung. Ähnlich der Akupunktur beim Menschen besitzt auch die Landschaft bestimmte Punkte, die durch einen äußeren Reiz aktiviert werden können. In diesem Fall handelt es sich nicht um Nadeln, wie bei der Akupunktur, sondern um Steine, die gesetzt werden. Bei dieser Vorgangsweise wird der Garten als lebendiger Organismus betrachtet, der, ähnlich wie der menschliche Körper, von Energiemeridianen durchflossen wird. An bestimmten Punkten konzentriert sich der Kraftstrom und kann dort durch Steinsetzungen günstig beeinflusst werden.

Die Vorgehensweise ist bei jedem Garten individuell. Sie selbst können in einer ruhigen Stunde einmal versuchen, die wichtigsten energetischen Orte Ihres Gartens ausfindig zu machen. Sie werden bald bemerken, dass sich nicht jeder Platz im Garten gleich anfühlt. Ein geübter Rutengeher oder ein Feng-Shui-Berater hilft Ihnen beim Auffinden dieser Orte im Garten.

Ganzheitliche Gesichtspunkte

„Feng Shui" heißt wörtlich übersetzt „Wind und Wasser" und drückt damit seinen eigentlichen Ursprung in der Beobachtung der Gesetzmäßigkeiten von Wind und Wasser aus, welche zur Gründung von Städten ebenso wie zur Anlage von Gärten und der Einrichtung von Innenräumen herangezogen werden. Die beiden Naturkräfte Wind und Wasser werden als Verbindung zwischen Erde und Himmel verstanden und sind wesentliche Faktoren, die bei der Auswahl eines Grundstücks beachtet werden.

Die Beobachtungen des Feng Shui beschränken sich nicht nur auf die äußerlichen Gesetzmäßigkeiten von Naturereignissen, sondern auch auf innere, die in China als der lebendige „Ch'i-Fluss" bekannt sind. Damit sind unsichtbare, auf der energetischen Ebene spürbare Energieströme gemeint, die sich durch die Landschaft ziehen und mit denen wir Menschen in ständiger Wechselwirkung stehen. Ihre Intensität, Zirkulation und Lage werden in der Feng-Shui-Gartenplanung und -gestaltung berücksichtigt, da dies wesentlich zu unserem Wohlbefinden und zur Optimierung unseres Lebensraumes beiträgt.

Alle inneren und äußeren Gestaltungsanwendungen wesentlicher Feng-Shui-Regeln werden in erster Linie an die lokalen Standortbedingungen angepasst und vor allem in Bezug zu den einzelnen Menschen, die diesen Freiraum benützen wollen, abgestimmt. Letzteres zeigt sich darin, dass bei der Gartenplanung nach Feng-Shui-Prinzipien auf das Geburtsdatum aller Bewohner eingegangen wird. Daraus ergeben sich individuelle Beratungsmöglichkeiten in Bezug zu Himmelsrichtungen, Formen und Farben, sowie einer Gestaltung im Rhythmus der Jahreszeit, die das Wesen der Menschen und ihrer Verbindung zur eigenen Natur unterstützt.

Feng Shui ist die jahrtausendealte chinesische Kunst, Lebensräume nach ganzheitlichen Gesichtspunkten harmonisch zu gestalten. Es ist eine ausgewogene Mischung aus Taoismus und Buddhismus, aus Bereichen der Architektur, der Harmonie- und Farbenlehre und der Ästhetik. Die Ernährung, die Astrologie und auch die Medizin fließen ebenfalls in das Feng Shui ein. Der Mensch wird als Teil der Natur und seiner Umgebung gesehen. Folgt er den Naturkräften und stellt sich nicht gegen sie, dann sind nach Auffassung der östlichen Lehre Glück, Gesundheit und Wohlstand die Folge.

Bei der Farbauswahl der Pflanzen werden im Feng Shui unter anderem auch Geburtsdaten zu Hilfe genommen.

Die äußeren Merkmale eines Gartens werden durch Wasser sehr günstig beeinflußt.

Bei der Gartenplanung nach Feng-Shui-Prinzipien ist es einerseits wichtig, die äußeren Merkmale der umgebenden Landschaft mit geschultem Auge aufzunehmen. Dies bedeutet, das Erkennen des Ch'i-Flusses im Garten, sowie die Yin-Yang-Aspekte in Formen, Farben, Pflanzenarten etc. wieder zu finden. Dabei sollte das neu zu Gestaltende passend eingegliedert werden, um damit den erwünschten Ausgleich herbei zu führen.

Neben der äußeren Aufnahme und dem Ausgleich der Elemente im Freiraum ist es wichtig, die inneren Themen der Menschen zu verstehen und in die Gestaltung mit einzubeziehen. Wie das gehen soll? Vor meinen Planungen gibt es immer ein Gespräch, wie es den Menschen geht, wo sie gerade stehen im Leben und wo sie eigentlich hinwollen. Dabei kann es durchaus vorkommen, dass Dinge zum Vorschein kommen, die bis dahin gar nicht so bewusst erlebt wurden. Feng Shui geht davon aus, dass jede äußere Gestalt einen inneren Ursprung im Menschen hat. Dies bedeutet, dass ein Garten wie ein Tagebuch gelesen werden kann, wenn man einen geübten Blick dafür hat.

EIN BEISPIEL

Eine Frau möchte einen Feng-Shui-Garten aus ihrem bestehenden Garten machen und bittet mich um ein Erstgespräch. Der Garten hat sehr viele gerade Elemente, einen Feuerdornstrauch im Vorgarten und einen vertrockneten Teich in der rechten hinteren Ecke. Sie erzählt mir, dass ihr Leben, seit sie in diesem Haus lebt, sehr schnell an ihr vorbeizieht. Durch die Analyse des Gartens fragte ich Sie nach ihrer Partnerschaft und landete einen Volltreffer.

Der vertrocknete Teich und die feurig trockenen Elemente ließen auf einen starken Yang-Aspekt schließen. Die Beziehung war völlig aus dem Lot, da sie in ihrer Ehe immer nur dem Mann entsprochen hat und erst im letzten Jahr eine starke persönliche Veränderung durchmachte, die ihrem Mann gar nicht gefiel. Die Frau war auf dem Weg, ihre eigene Stärke zu finden. Ein intensives Gespräch ließ beide erkennen, was sie eigentlich von der Zukunft erwarteten. Der Wunsch wurde geäußert, dass sie es noch einmal miteinander versuchen wollten.

Erst durch die Absicht der beiden konnte ich den Garten so gestalten, dass er unterstützend wirkte und zwar maßgeschneidert auf das Problem, das sie hatten. Ohne eine Absicht und ohne die Formulierung eines Zieles ist es im Feng Shui sehr schwer, den Garten als Therapie zu verwenden. Nur durch die zielorientierte Gestaltung kann eine Veränderung im Außen auch eine Veränderung im In-

Kunst im Garten ist Geschmackssache, wird jedoch viel zu wenig angewandt.

Prägnante Veränderungen in einem Garten sollten sehr gut auf den Ort abgestimmt sein.

neren der Menschen hervorrufen. Dazu gehört vor allem, auf den Ch'i-Fluss zu achten und ihn gegebenenfalls zu aktivieren.

Viele Methoden, die erfolgreich seit Jahrtausenden beim Menschen angewandt werden, z.B. die Akupunktur, sind im übertragenen Sinn auch im Feng Shui anwendbar.

Neben den Regeln, die bei einer Feng-Shui-Gestaltung zu berücksichtigen sind, ist die intuitive Vorgehensweise bei der Bestandsaufnahme, Planung und Gestaltung von Freiräumen wesentlich. Dies kann nur durch lange Erfahrung erlernt werden. Intuition ist dabei als Einfühlungsvermögen zu verstehen, wobei Qualitäten im Garten gemeint sind, die nicht unbedingt mit den klassischen 5 Sinnen wahrgenommen werden.

Eine weitere Voraussetzung, einen Garten geschickt zu gestalten, ist ein planerisches Vorstellungsvermögen, wie der Garten in zehn Jahren aussehen wird. Gute Kenntnisse von Pflanzen, ihren Standortansprüchen und Wesensqualitäten sind sehr wichtig, damit sich die Kraft eines Feng-Shui-Gartens entfalten kann. Der Garten wird im Feng Shui niemals alleine und losgelöst von deren Benutzern betrachtet. Hier geht es um Wünsche und Ideenaustausch, aber in erster Linie um einen therapeutischen Ansatz. Durch ein intensives Gespräch wird bei einer Feng-Shui-Beratung herausgefunden, wo Sie gerade im Leben stehen, welche Probleme Sie haben und welche inneren Prägungen zur jetzigen Situation geführt haben.

In meinen vielen Beratungen habe ich immer wieder die Erfahrung gemacht, dass erst die Auseinandersetzung mit der Vergangenheit und dem Verständnis für die Zusammenhänge, die zu der jetzigen Lebenssituation geführt haben, zu einer nachhaltigen Veränderung führen. Ist dieses Verständnis einmal geweckt, kann die Frage nach

dem „Wohin soll mein Leben gehen?“ viel leichter beantwortet werden. Die Verknüpfung von Außen (Garten, Umgebung, Haus) und Innen (Gefühlsleben, Gedanken und Vorstellungen) ist im Feng Shui nicht selbstverständlich, bringt nach meiner Erfahrung jedoch den größten Entwicklungsschritt. Bei der persönlichen Problemlösung unterstützt Sie ein Feng-Shui-Garten und hilft Ihnen bei der Suche nach Harmonie, Glück und Zufriedenheit.

Feng Shui wurde während der einzelnen Dynastien als herrschaftliches Geheimnis gehütet. Doch auch das einfache Volk bediente sich dieses Wissens. Feng Shui ist über Umwege aus den USA im letzten Jahrhundert nach Europa gelangt. 1873 wurden von dem englischen Referenten E. J. Eitel Texte des Feng Shui ins Englische übersetzt. Damals erhielten diese neuartigen Ideen im übrigen Europa überhaupt keine Beachtung.

Die westlichen Berichterstatter konnten sich nicht vorstellen, dass es praktische Gründe geben konnte, die Feng-Shui-Maßnahmen einzuhalten. Es wurde als eine Art ästhetische Übung oder als eine primitive Form von menschlichem ökologischem Gleichgewicht mit der Umwelt abgetan. Die Überlegung, dass es einen Energiefluss in der Landschaft oder im Menschen gäbe, war unvorstellbar. Sie glaubten an den materialistischen Fortschritt des 19. Jahrhunderts und an die Errungenschaften der damaligen Wissenschaft. Jede andere Art zu denken existierte nicht.

Die fernöstliche Kultur bringt uns zum Nachdenken über unsere Wirklichkeit

Seit dieser Zeit hat die Wissenschaft viel erforscht und kam vor allem durch die Erkenntnisse der Quantenphysik zu neuen Erkenntnissen. Die starren Regeln der westlichen Naturwissenschaft werden laufend revidiert. Was richtig und was falsch ist, hängt von der Betrachtungsweise ab. Hier trifft sich die alte Lehre der Geomantie und des Feng Shui mit der modernen Wissenschaft. Natürlich sind noch nicht alle Phänomene aufgeklärt, doch ist die Bereitschaft vorhanden, öffentlich darüber zu sprechen. Die Anerkennung der Akupunktur und die Miteinbeziehung von Rutengehern bei Krankenhauspatienten sind bestätigende Anzeichen in eine erweiterte Betrachtungsweise unserer Mitwelt.

Die Auffassung einer belebten Umwelt ist eine Selbstverständlichkeit im Feng Shui, was diese Lehre aus dem Osten mit sämtlichen geomantischen Lehren aus den verschiedensten Kulturen verbindet. Feng Shui wird seit einigen Jahren in Europa und in den USA mit sehr viel Erfolg auch in der Innenraumgestaltung angewandt.

Die Beziehung zwischen Mensch und Pflanze ist noch nicht vollständig erforscht.

Geborgenheit und Wohlbefinden

Als Gartenarchitekt stellte ich mir immer die Frage, wie ein Garten aussehen muss, damit wir uns darin wohl fühlen. Feng Shui gibt auf diese Frage einen entscheidenden Hinweis, den ich Ihnen sehr ans Herz lege. Es ist dies die Lehre von den vier Tieren: Drache, Vogel, Tiger und Schildkröte.

Die Schildkröte ist immer auf der hinteren Seite des Gartens. Die Schildkröte darf sich niemals vor dem Haus befinden, da das Haus sonst schwach wird. Aus dieser Überlegung heraus sollte ein Garten im hinteren Teil immer höher liegen als im vorderen Teil.

Die Botschaft dieser Überlegung ist ganz einfach. Wir sprechen in diesem Zusammenhang auch vom Lehnstuhlprinzip. Stellen Sie sich vor, wie Sie in einem Lehnstuhl mit Armlehnen sitzen. Unter diesem Gesichtspunkt sollten Sie Ihren Garten und Ihr Haus betrachten. Wo kann sich der Garten anlehnen? Untersuchen Sie die umliegende Landschaft, in der Ihr Garten liegt, auf Berge, Erhöhungen, Geländeneigungen oder andere große Begebenheiten, wie zum Beispiel Häuser. Eine Seite wird die Lehne darstellen. Sie steht symbolisch für die Schildkröte, die Ihnen den nötigen Rückhalt im Leben gibt. Das Gelände sollte in diese Richtung eher ansteigen als abfallen. Haben Sie all diese Erhebungen nicht, dann können Sie mit Gestaltungsmaßnahmen die Schildkröte, als Schutz und zum Zeichen des Wohlbefindens, selbst kreieren.

Von diesen Einflüssen hängt es nämlich ab, wie sich Ihr Garten und Ihr Haus fühlt. Die Sitzposition und der Schutz des Gartens ist hier entscheidend. Steht das Haus verkehrt in der Landschaft und hat der Garten auf der Rückseite zum Beispiel einen Fluss oder einen großen Schwimmteich, so bringt dies nicht den notwendigen Rückhalt im Leben und sollte verändert werden.

ÜBUNG

Setzen Sie sich auf einen Schemel und stellen hinter sich einen Kübel voll Wasser. Sie werden bemerken, dass sich das ziemlich eigenartig anfühlt und Sie verunsichert. So fühlt sich der Garten mit dem Fluss hinter sich an. Solche Gärten geben die Unsicherheit an die Bewohner des Gartens weiter und dies kann sich langfristig gesehen auf das Potenzial dieser Menschen auswirken.

Eine größere Wasserfläche unterstützt die Vorderseite eines Hauses.

Das Gesicht des Hauses darf nicht zuwachsen.

Neben der Lehne für den Garten ist auch noch der Blick in die Landschaft wichtig, vergleichbar mit dem Blick, den Sie von Ihrem Lehnstuhl aus haben. Diese Richtung bezeichnet man als Vogelseite. Meterhohe Thujenhecken machen es unmöglich, die Vogelseite zu aktivieren. Sie schneiden den Garten von der Umwelt ab. Das muss nicht heißen, dass in Ihren Garten jeder hineinsehen kann. Es genügt oft die Aussicht auf einen entfernten Punkt in der Landschaft. Ist dies nicht möglich, so empfehle ich Spiegel, die als Fenster in die Landschaft großzügig eingesetzt werden. Spiegel haben im Garten einen erweiternden Effekt. Sie machen den Garten an dieser Stelle größer und bringen durch die Spiegelung Bewegung an diese Stelle.

Daher empfehle ich, in jedem Garten eine Sichtachse in die Landschaft offen zu lassen. Fehlt der Vogel oder ist er gar verstellt durch ein anderes Haus oder einen Berg, so kann auch dieser simuliert werden. Ein leicht erhöhtes Beet mit roten Blumen, wie Rosen, Pfingstrosen oder andere mehrjährige und einjährige Stauden ersetzen den Vogel symbolisch.

Die Armlehnen des Gartens repräsentieren die zwei seitlichen Tiere Drache und Tiger, die ebenfalls leicht erhöht sein sollten. Aber beachten Sie bitte, dass die Tigerseite (rechts, wenn man auf den Vogel blickt und die Schildkröte im Rücken hat) niemals höher ist als die Drachenseite. Die Bäume oder Sträucher sollten auf der Drachenseite kräftig und eindrucksvoll sein.

Welcher Form entspricht nun Ihre Landschaft? Ist sie flach, wellig, hügelig oder bergig? In einer flachen Landschaft sind künstliche Erhebungen notwendig, um die Schildkröte, den Drachen und den Tiger zu stärken. Unterstützend wirken hier Zäune oder Bäume, die Berge simulieren. Vor allem die Schildkröte sollte entsprechend stabil und groß sein, damit der Effekt der Lehne zum tragen kommt.

Befindet sich ein Haus in der Umarmung der vier Tiere, wird alten Texten zufolge den nächsten fünf Generationen Glück Gesundheit und Reichtum beschert sein.

Die Kraft des Ch'i

Alte Wege und Straße verlaufen meist nach dem Ch'i-Fluss der Landschaft.

„Das Ch'i reist mit dem Wind und wird weggetragen. Ch'i reist langsam und niemals gerade. Trifft es auf Wasser, hält es an und sammelt sich."

Mit dem Hintergrund der Naturwissenschaft war ich immer auf der Suche nach einer plausiblen Erklärung für den Ch'i-Fluss. Alle indigenen Kulturen auf der Erde haben einen Ausdruck für diese subtile unsichtbare Kraft und gehen davon aus, dass ohne sie kein Leben möglich wäre. Die Inder nennen sie Prana, die Maori in Neuseeland Maui und die Vorfahren der europäischen Kulturen nannten sie Äther. Für den Großteil der Erdbevölkerung ist Ch'i oder wie auch immer wir es nennen, eine Selbstverständlichkeit. Zahlreiche unerklärliche Phänomene, wie die der Shaolin Mönche, die ihre Körper auf spitzen Schwertern balancieren lassen, können so leichter verstanden werden.

Doch die westliche Denkweise reicht leider nicht aus, um die vielfältigen Erscheinungen in der unsichtbaren Welt vollständig zu durchblicken.

Aus Russland ist eine Technik bekannt, die es ermöglicht, die Ch'i-Verteilung bei Pflanzen und Menschen sichtbar zu machen. Die sogenannte Kirlian Fotografie zeigt bei einem Blatt, von dem ein Teil abgeschnitten wurde, trotzdem das ganze Blatt, obwohl in der sichtbaren Welt ein Teil fehlt. Bei Menschen wird diese Analyse für das Sichtbarmachen der Energieverteilung im menschlichen Körper verwendet und erfolgreich zur Diagnose von Krankheiten eingesetzt.

Viele Straßen in unserer Landschaft entstanden in früher Zeit, als wir noch mit Ochsen- und Pferdefuhrwerken unterwegs waren. Die Tiere folgten dem Ch'i-Fluss und gaben den damaligen Erdwegen den geschwungenen Charakter. Im Laufe der Zeit wurden diese Straßen befestigt und ausgebaut. Heute führen sie durch flaches Gelände und sind dabei ohne erkennbaren Grund nicht gerade. Der Ch'i-Fluss, der in früherer Zeit noch erkannt wurde, ist der Grund, warum in manchen ebenen Landschaftsteilen die Verbindung von A nach B keine Gerade darstellt.

Mäandrierende Bäche (schlängelnd) lösen bei uns meist ein Gefühl der Ruhe und der Vollkommenheit aus.

WIE KANN ICH DEN CH'I-FLUSS ERKENNEN?

Jede Landschaft hat unterschiedliche Qualitäten, die teils vom Menschen und teils von der Erde erzeugt werden. Erkennen können Sie Orte mit einer Ch'i-Konzentration daran, wie Menschen miteinander umgehen, wie zufrieden sie sind und wie sie ihre Häuser und Gärten gestalten. Wie offen und einladend sind die Hauseingänge, wie abwechslungsreich zeigen sich Pflanzen im Garten und wie vielfältig sind die Farben in ihrer Umgebung erlebbar? Die Gestaltung der Gärten ist ein Ausdruck einer inneren emotionalen Haltung. Fröhliche Menschen gestalten einen Garten anders als Traurige.

Es gibt dabei keine Vereinheitlichung, doch lässt sich ein grobes Gerüst erstellen.

Diese universelle Lebensenergie fließt nicht nur in der Landschaft und in Gärten, sondern ist auch im Menschen aktiv, Gebäude und selbst Pflanzen und Steine sind mit der Kraft des Ch'i verbunden. Wo Ch'i fließt, ist Leben und wo Leben ist, kann sich der Mensch regenerieren und zu seinem vollen Potenzial gelangen. Der Ch'i-Fluss im Garten ist abhängig vom menschlichen Tun, er beeinflusst uns Menschen aber auch sehr wesentlich. Aktivieren Sie einen Bereich in Form von prächtig blühenden Pflanzen, so wird sich dort Ch'i anreichern.

In der Freiraumplanung stieß ich das erste Mal bewusst auf den Ch'i-Fluss in der Landschaft. Der Ch'i-Fluss in der Landschaft fließt dabei niemals gerade, sondern immer leicht mäandrierend. Auch wir Menschen haben nichts Gerades an uns. Ein Beispiel dafür sind die Trampelpfade in öffentlichen Freiflächen, die immer dann entstehen, wenn die Planung versagt. Die Abkürzungen, die Menschen durch die grüne Wiese von A nach B nehmen, verlaufen jedoch niemals gerade, obwohl es die kürzeste Strecke wäre. Beachten Sie auch einmal Fußwege, die entstehen, wenn frischer Schnee gefallen ist. Auch diese sind nicht schnurgerade.

Ch'i wird auch von Blüten, hier eine Sternmagnolie, aktiviert und aufgebaut.

Rote Blüten bringen schnelleres Ch'i als weiße Blüten.

Für den Feng-Shui-Garten können wir den Ch'i-Fluss nutzen, um ganz gezielt entweder Räume der Ruhe oder Orte der Kraft zu schaffen. Das Ch'i sollte dabei alle Bereiche des Gartens durchströmen, damit auch Stellen im Garten, die nicht benutzt werden, zu einer lebendigen Schönheit erstrahlen können. Mit Hilfe von Wegführung, Wasser, Licht, Pflanzen, Farben, Formen und vielem mehr, kann der Ch'i-Fluss im Garten günstig beeinflusst werden. Ein guter Ch'i-Fluss im Garten wirkt sich positiv auf den Ch'i-Fluss seiner Bewohner aus. Es liegt in der Natur des Ch'i, dass es sich schlängelt wie ein Wiesenbach oder eine Welle. Geschwungene Eingangswege oder Polsterpflanzen, die einen geraden Weg „aufbrechen", stärken den Ch'i-Fluss.

Monotone Hecken mit penibel gepflegtem Kurzrasen mag für manche Gartenbesitzer den Traum von einem Garten darstellen. Aus der Sicht des Feng Shui handelt es sich dabei um Orte mit stagnierender Energie. Grundsätzlich gilt: Je reichhaltiger und freundlicher die äußere Gestalt unserer Mitwelt gestaltet ist, desto mehr Ch'i wird in ihr vorhanden sein. Dies wirkt sich wiederum positiv auf die dort wohnenden Menschen aus. Für Sie ein guter Grund, in diese Gegend zu übersiedeln.

WAS IST FÜR DEN CH'I-FLUSS FÖRDERLICH?

Wasser im Garten, insbesondere Quellsteine erhöhen die Qualität eines Ortes und wirken vitalisierend.

Geschwungene Wege sind natürlicher als gerade.

Abwechslungsreiche Gestaltung mit immergrünen und Laub abwerfenden Bäumen, Sträuchern und Stauden geben Ihrem Garten den nötigen Rhythmus.

Strukturieren Sie Ihren Garten, damit Sie verschiedene Nutzungsbereiche erhalten. Verwenden Sie Accessoires, Farben, Klänge und Kunstgegenstände um den Ch'i-Pegel im Garten zu erhöhen.

Das Ch'i bedeutet nicht nur das Fließen von Energie, sondern auch von Information, Geld und Kommunikation. In unserer wirtschaftlich orientierten Gesellschaft wird Feng Shui im Geschäftsleben vor allem wegen der Optimierung des Ch'i-Flusses angewandt, um die drei oben genannten Eigenschaften zu aktivieren. Die Anwendung des Feng Shui auf ein rein materiell orientiertes Ziel bringt meiner Erfahrung nach nur kurzzeitigen Erfolg. Da Alles mit Allem verbunden ist, muss sich eine einseitige Betrachtungsweise auf das Gesamte ungünstig auswirken.

Ein Wasserspeier kann selbst auf kleinstem Raum zur Belebung eingesetzt werden.

Die Kraft des Sha

Die Hauskante des Nachbarhauses und die gerade Straße zum Eingang bilden zwei Sha-Elemente.

Der Gegenspieler des Ch'i ist das Sha. Es stellt eine zerstörerische Kraft dar, die durch zu schnell fließende und gerade Formen entsteht. Ein begradigt fließender Fluss birgt viel mehr Gefahren als ein mäandrierender, da er viel schneller fließt. In den letzten Jahrzehnten werden Straßen ausschließlich auf dem Reißbrett geplant – natürlich gerade. Untersuchungen haben ergeben, dass wir Menschen auf geraden Wegen schneller ermüden als auf geschwungenen und das, obwohl die Strecke kürzer ist. Es ist hier zuviel Ch'i vorhanden, das sich in Sha umwandelt und ungünstig auf unser Wohlbefinden auswirkt.

Gerade Linien gelten als massive Störung des energetischen Gleichgewichts, die sich in der Landschaft zum Beispiel in Form von regulierten Flüssen und geraden Straßen zeigen. Ein Haus oder eine Wohnung sollte niemals vor entgegenkommendem Verkehr, wie etwa am Ende einer Sackgasse oder am Schnittpunkt einer T-Kreuzung stehen. Straßen und Wasserläufe, die im spitzen Winkel an einem Haus vorbeiführen, gelten als besonders unheilvoll. Die Spitze sendet „geheime Pfeile" ab, die das Ch'i in sehr hoher Geschwindigkeit abgibt, bündelt und dadurch eine unangenehme Wirkung auf den Menschen ausübt. Schnelles Ch'i wird zu Sha. Auch hierbei gilt Paracelsus' alte Weisheit „Die Menge macht das Gift" – zuviel Ch'i ist ungesund. Harmonisch gestalten heißt im richtigen Maß zu gestalten.

Grundsätzlich gilt, dass das Ch'i immer in bogenförmigen und rhythmischen Mustern fließt und dabei nicht zum Stillstand kommen soll. Sha fließt vor allem in geraden Linien und tritt entweder sehr langsam oder sehr schnell in Erscheinung. Spitze Formen wie Gebäudekanten und Dachvorsprünge sollten gemieden werden. Dies gilt auch in der Inneneinrichtung, für Mobiliar und Mauerkanten, die genau auf den Menschen in ruhender Position (Arbeitsplatz, Schlafplatz) gerichtet sind.

Klassische Gärten des Barocks und der Renaissance sowie manche englische Landschaftsgärten haben gerade Wegeelemente, die auf den Haupteingang zuführen. Es befindet sich aber zwischen dem Zufahrtsweg und dem Eingang entweder ein Springbrunnen oder eine geschwungene Stiege, die den Sha-Fluss verlangsamt und verfügbar macht.

Hier ist ersichtlich, dass auch unsere Vorfahren mit dieser Kraft umgehen konnten. Für jedes Ungleichgewicht gibt es im Feng Shui eine Abhilfe. Bei geraden Straßen empfehle ich die Pflanzung eines Baumes oder einer Strauchgruppe, um den Sha-Fluss zu unterbrechen.

YIN UND YANG

Wenn Sie diese beiden Urkräfte in Harmonie bringen, dann wird auch in Ihrem Garten die Lebenskraft Chí fließen. Die Yin Yang Symbolik ist eine der bekanntesten Zeichen der fernöstlichen Weisheiten. Erstaunlicherweise gibt es Zusammenhänge mit unseren und anderen Kulturen. Lernen Sie das Yin Yang Symbol genauer kennen und wenden Sie es in Ihrem Garten an.

Die Yin-Yang-Lehre und ihre Anwendung

In der chinesischen Philosophie werden alle Objekte und somit auch die Landschaftsformen mit Hilfe der Yin-Yang-Philosophie beschrieben. Die Kraft des Ch'i tritt in zwei Formen auf. Yin ist dem weiblichen und Yang dem männlichen Prinzip zugeordnet. Yin und Yang stehen immer zusammen und es gibt kein ausschließliches Yin oder ein alleinstehendes Yang. Dieses Prinzip findet sich sowohl im Makrokosmos, als auch im Mikrokosmos wieder. Yin und Yang werden als nicht wertend angesehen.

Die alte Form des Schriftzeichens für Yang stellt einen Berg dar, der von der Sonne beschienen wird. Das Schriftzeichen für Yin zeigt einen Berg mit einer spiralförmigen Wolke. Somit beschrieb Yang ursprünglich die Sonnenseite und Yin die Schattenseite des Berges. Ohne Schatten gibt es keine Sonne und so liegt der Betrachtung von Yin und Yang eine Einheit zugrunde, die in früherer Zeit als Selbstverständlichkeit angenommen wurde: der Mensch ist Teil der Natur.

Was für die ganze Erde gilt, muss auch für den Menschen und alle anderen lebenden Wesen – also auch für Pflanzen – gelten. Das Ziel der Feng-Shui-Lehre stellt ein harmonisches Zusammenspiel zwischen diesen beiden Prinzipien dar. Die Yin-Yang-Philosophie ist dynamisch und einem ständigen Wechsel unterworfen, ähnlich wie der Rhythmus der Jahreszeiten und der menschliche Rhythmus. Im Feng Shui wird ausschließlich in Beschreibungen gesprochen. Welche Eigenschaften hat zum Beispiel Regen? Ist Regen kühl oder warm? Wie ist das in Alaska? Dort ist Regen warm und schmilzt den Schnee. Und in Afrika? Da kühlt Regen die heiße Luft ab.

Sie sehen also, dass hier dem Regen keine Eigenschaften wie positiv oder negativ gegeben werden, da es immer darauf ankommt, wo er fällt. Demnach gibt es auch keine positiven oder negativen Pflanzen.

Andere Yin-Yang-Begriffe, wie dunkel und hell, oder kalt und heiß, haben keinesfalls die Bedeutung einer Qualitätsbezeichnung, die wir Europäer ganz allgemein mit gut und schlecht übersetzen würden.

Ein Sitzplatz für schöne Stunden ist erst dann gemütlich und lädt zum Bleiben ein, wenn Yin und Yang zusammenspielen.

Es bedarf einiger Übung um die Ausgeglichenheit von Yin und Yang zu beschreiben. Spürbar ist sie meist sofort.

Bei einem gesunden schönen Baum können die Kräfte Yin und Yang sehr gut erlebt werden.

So wie alle Grundprinzipien im Feng Shui ihren Ursprung in der Natur haben, so ist auch das Yin-Yang-Symbol aus Beobachtungen in der Landwirtschaft entstanden. Im Zeichen sind die Himmelsrichtungen, der Mondzyklus, der Jahresverlauf und die Uhrzeit enthalten.

Wenn wir das Yin-Yang-Symbol und die Lehre verstehen wollen, dann ist Folgendes zu beachten. In der westlichen Welt haben wir in den letzten dreihundert Jahren gelernt, in Polen zu denken. Im Yin Yang gibt es diese Trennung nicht. Durch den Einfluss der östlichen Lehren in der westlichen Welt kommt die gerade Trennlinie zwischen den Polen hell und dunkel in Bewegung. Das bedeutet, dass sich unsere Sicht der Dinge verändert. Es wird keine absolut negativen und absolut positiven Dinge mehr geben, da in jedem Ereignis zwei oder mehr Eigenschaften vorhanden sind. Das Yin-Yang-Zeichen mit seinen geschwungenen Linien ist ein Produkt dieser inneren Einstellung. Es gibt nur eine mögliche Form, wie das Zeichen dargestellt wird, auch wenn es immer wieder anders zu sehen ist.

Diese Betrachtungsweise konnte ein Kollege von mir hautnah erleben, als er in einem tibetischen Kloster Feng Shui lernte. Der Meister lehrte ihn einen ganzen Tag lang eine bestimmte Schule des Feng Shui. Am Abend hatte er das Gesagte verstanden und ging zufrieden zu Bett. Am darauf folgenden Tag folgte die nächste Unterrichtseinheit. Der Meister sprach jedoch genau vom selben Thema, nur erklärte er es diesmal ganz anders, so dass ein anderes Ergebnis herauskam. Überrascht fragte der Schüler, warum es heute anders sei als gestern, obwohl es doch dasselbe Thema betreffe. Der Meister antwortete: Gestern haben wir das Gelernte von vorne betrachtet, heute betrachten wir es von hinten.

Es kommt immer darauf an, von welchem Standpunkt aus wir eine Sache ansehen. Wenn ein Ereignis stattfindet, das uns im ersten Augenblick zutiefst unangenehm berührt, so kann der wahre Grund dafür sogar positiv zu sehen sein.

Ein Mann hatte eine Obstplantage und bekam von einer bekannten Baumschule das Angebot, sehr günstig ganz besondere Sorten von Obstbäumen zu beziehen. Für den Mann war dieser Kauf sehr wichtig, da es nirgendwo am Markt so besondere und auch so viele Obstbäume zu einem so guten Preis gab. Für ihn war das eine wichtige Entscheidung für die nächsten Jahre. Für die Zusage gab es eine Frist, die der Mann allerdings versäumte. Da er im Ausland aufgehalten wurde und die Telefonnummer der Baumschule nicht mithatte, konnte er den Kauf nicht bestätigen. Für den Mann brach eine kleine Welt zusammen, als er erfuhr, dass sein größter Konkurrent aus dem Nachbartal alle Obstbäume aufgekauft hatte. Er war am Boden zerstört. Einige Wochen darauf erfuhr er, dass sämtliche Obstbäume mit einem Virus infiziert waren, der zu spät entdeckt wurde.

Die Bedeutung des Ereignisses bekam durch diesen „Zusatz“ eine ganz andere Dimension. So ist auch das Yin-Yang-Zeichen zu verstehen. Alles ist immer in Bewegung und es gibt keinen stabilen Zustand im Leben. Auf den Tag folgt die Nacht, die Jahreszeiten geben den

Ein falsch geschnittener Baum kann die Yin-Yang-Harmonie empfindlich stören.

Rhythmus der Natur wieder, und wir Menschen verändern uns ständig – physisch und psychisch. Es benötigt einige Zeit, bis wir westlich denkenden Menschen diese Betrachtungsweise des Lebens verstehen.

Da jeder Mensch ein Individuum ist, können im Garten-Feng-Shui keine 100%igen und allgemein gültigen Aussagen getroffen werden. Jede Pflanze hat zwar bestimmte Eigenschaften, aber wie z.B. eine Eibe auf Ihre Person tatsächlich wirkt, lässt sich nicht generell sagen. Grundsätzlich wirkt die Eibe erdend und stabilisierend. Sie hat einen starken Fokuspunkt nach unten und zentriert die Menschen. Wenn Sie nun ein Mensch sind, der sich schwer vom Fleck bewegt (sowohl Veränderungen im Leben als auch Ortsveränderungen), dann verstärkt die Eibe diese Eigenschaften. Das bedeutet, dass sich die Schwere noch verstärken würde. Ein Effekt, der nicht erwünscht wäre.

Feng Shui setzt somit die Pflanzen mit ihren Eigenschaften in Beziehung zu den Eigenschaften der Menschen. Das Ziel eines Feng-Shui-Gartens ist es aber, auf den Menschen positiv zu wirken und ihn wieder in seine Mitte zu bringen. Mit einer ausgewogenen Gestaltung, die die Yin-Yang-Lehre berücksichtigt, ist es möglich, das Potenzial eines Menschen zur vollen Entfaltung zu bringen. Der Grundgedanke dabei ist immer gleich. Ist beim Menschen oder im Garten zuviel Yin vorhanden, wird der Yang-Anteil gestärkt. Zeigen sich zu viele Yang-Aspekte, so wird der Garten nach den Yin-Prinzipien gestaltet.

WO FANGE ICH AN?

Die Feng-Shui-Lehre betrachtet uns Menschen und unsere Umwelt als einen lebendigen Organismus. Daher wirken sich Veränderungen im Großen auf das Kleine aus und umgekehrt. Wenn Sie Ihren Garten mit mehr Kraft beleben wollen, dann wirkt es am stärksten, wenn sie beim Großen anfangen.

Beispiele für Yin-Landschaftselemente sind Flüsse, Seen, Wiesen und Mulden; für Yang-Landschaftselemente kommen Berge, Hügel, allein stehende Bäume und

Rechts:
Die westliche Weltsicht

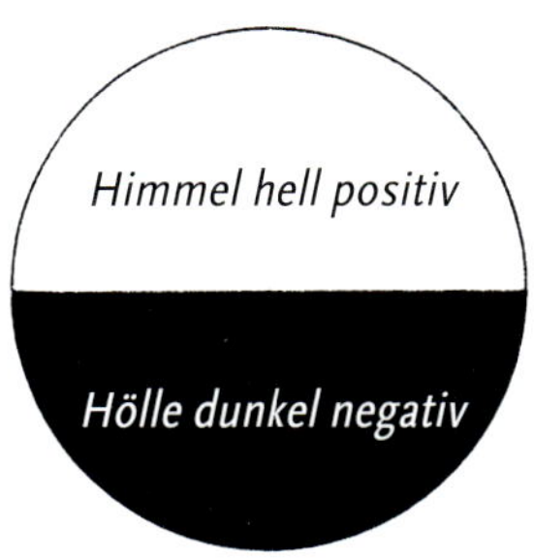

Ganz rechts:
Die östliche Weltsicht

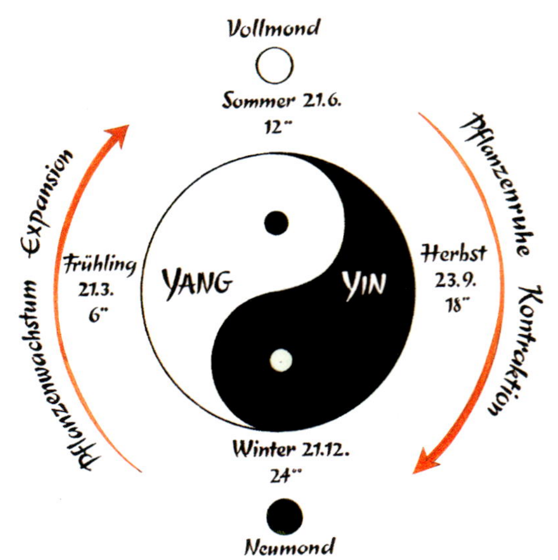

Felswände in Frage. Doch sind diese Zuordnungen nicht absolut anzusehen und nicht auf einen bestimmten Landschaftsausschnitt begrenzt. Eine Anhöhe in einer Wiese wird das Yang-Prinzip übernehmen, doch derselbe Hügel umschlossen von großen Bergen wird in diesem größeren Landschaftsteil nicht mehr diese Rolle haben.

Rote Blüten symbolisieren Yang, blaue Blüten sind dem Yin zugeteilt.

ZUVIEL YANG IN DER LANDSCHAFT

Ist die Landschaft Yang (windig, trocken etc.), dann sollte sich die Gestaltung ihres Gartens nach den Yin-Eigenschaften orientieren. Zuviel Yang wird vor allem durch ruhiges Wasser ausgeglichen. Bei starkem Wind empfehle ich eine immergrüne Hecke oder eine Naturstrauchhecke, die den massiven Yang-Einfluss des Windes abhält. Für mehr Yin im Garten sollten Sie Räume des Rückzugs kreieren. Eine Zone der Wildnis, wo sich Kinder verstecken können, kann zu einem starken Yin-Platz gestaltet werden. Wenn Sie Ihren Garten modellieren können, dann wirkt sich eine sanft geschwungene Geländegestaltung sehr positiv auf den Yin-Anteil im Garten aus. Eine kleine Mulde im Zentrum stärkt den Yin-Aspekt ebenfalls.

Der nächste Schritt ist die Detailgestaltung: Sie gehen immer vom Großen ins Kleine. Verwenden Sie Yin-Pflanzen und verzichten Sie so weit wie möglich auf die Farbe Rot. Setzen Sie weiß und blau blühende Pflanzen. Die Farben Gelb und Orange sind ebenfalls günstig. Verwenden Sie zum Beispiel goldene Rosenkugeln und bevorzugen Sie runde und organische Formen bei jeder Art von Gestaltung. Konzentrieren Sie sich vor allem auf die Himmelsrichtungen Norden, Nordwesten und Westen. Hier sollte der Garten seine schönsten Seiten zeigen.

DIE HIMMELSRICHTUNGEN UND IHRE ZUORDNUNG ZU YIN UND YANG

YANG: Osten, Südosten und Süden
YIN: Westen: Nordwesten und Norden
YIN / YANG: Südwesten, Zentrum und Nordosten

DER GRUNDGEDANKE IST IMMER GLEICH: STÄRKE DAS, WAS NICHT VORHANDEN IST UND SCHWÄCHE, WAS ZUVIEL IST.

Zu wenig Yin benötigt Yin
Zu wenig Yang benötigt Yang
Zu viel Yin benötigt Yang
Zu viel Yang benötigt Yin

Im Feng Shui sprechen wir von einem idealen Garten dann, wenn alle gegensätzlichen Kräfte ausgewogen sind. Es ist also nicht das Ziel, einen Status quo im Garten zu erreichen, denn dieser führt zur Stagnation. Feng Shui ist dynamisch und fließt mit dem Rhythmus der Natur. Daher sind Veränderungen im Laufe der Zeit durchaus erwünscht, da wir Menschen uns ja auch ändern.

Yin Yang bei Pflanzen erkennen

Blauer Rittersporn und weiße Margeriten beruhigen den Garten und bringen Yin-Kraft.

Jede Pflanze, egal, ob es sich um einen Baum, einen Strauch oder um eine Staude handelt, kann einem der beiden Yin-Yang-Aspekte zugeordnet werden. Entscheidend für diese Kriterien sind nicht nur die Wuchsform und die Farbe der Blüten und Früchte, sondern auch die inneren Eigenschaften der Pflanzen. Damit ist die Wirkung der Pflanze auf uns Menschen und der Charakter der Pflanze gemeint. Die Wirkung funktioniert ähnlich wie bei den Bachblüten.

Edward Bach war ein Arzt, der herausfand, dass Blüten von bestimmten Pflanzen eine heilende Wirkung haben. Die Inhaltsstoffe der Blütenessenzen sind sehr schwach dosiert und Untersuchungen nach der westlichen Wissenschaft können keine Inhaltsstoffe mehr feststellen. Die Wirkung der Tropfen ist vergleichbar mit dem Ch'i-Fluss. Es wird nur mehr die Essenz auf energetische Weise verabreicht. Diese inneren Eigenschaften der Pflanzen in Ihrem Garten haben einen wesentlichen Einfluss darauf, ob sie als Yin- oder als Yang-Pflanzen eingestuft werden.

Wenn Sie sich nun mit Pflanzen umgeben, die alle Yin-Qualitäten haben, so kann Sie dies beruhigen, weil sich die Stimmung der Pflanzen auf Sie überträgt. Es kann aber auch dazu führen, dass die vielen Yin-Pflanzen auf Sie bremsend wirken. Dies kann dann geschehen, wenn Sie selbst phlegmatische Charakterzüge aufweisen. Dann kann es sogar zur völligen Stagnation in Ihrem Leben kommen.

Über einen Bekannten erfuhr ich von so einem Fall. Der Mann litt nach einem Umzug und einem Arbeitswechsel unter völliger Antriebslosigkeit. Er glaubte schon an eine Autoimmunerkrankung und ließ sich untersuchen. Die Ärzte konnten nichts feststellen. Erst ein Gesundheitscheck einer chinesischen Ärztin und einer Analyse seiner Wohnung ergab, dass er viel zuviel Yin-Anteile um sich herum hatte. Nicht nur die Lage der Wohnung und die räumliche Aufteilung, sondern auch die Kleidung und der Arbeitsplatz war von Yin-Elementen dominiert. In

Der Veitschii (Mauerkatze) gehört zu den schnellen extrovertierten Kletterern und bringt viel Yang-Kraft.

Die strahlenförmigen Blüten des Steinbrechs signalisieren Aufmerksamkeit und bringen Aktivität in Ihren Garten.

seinen Räumen hatte er vorwiegend Yin-Pflanzen stehen in blauen und weißen Übertöpfen.

Seine Essgewohnheiten sahen so aus, dass er sich vorwiegend von Rohkost ernährte. Ein kühlender und sehr starker Yin-Einfluß auf der körperlichen Ebene, der ein weiteres Grundpotential an Yin-Kraft beinhaltete. Der Mann sprach auf all diese Yin-Aspekte besonders an, da es sich vom Charakter her um einen zurückgezogenen Menschen handelte. Erst eine Umstellung der Ernährung, kombiniert mit einer chinesischen Kräutertherapie, und die Veränderung der Wohn- und Arbeitsräume, insbesondere der Austausch der Pflanzen, brachte den dringend nötigen Umschwung.

Die Pflanzenstimmungen und die Charaktereigenschaften können im Prinzip von jedem Menschen wahrgenommen werden. Meist geschieht dies nicht über unsere fünf Sinne Sehen, Hören, Riechen, Schmecken und Tasten, sondern über eine Art der Wahrnehmung, die ich vielleicht am ehesten mit dem Begriff Intuition beschreiben möchte. Es ist jedoch mehr als das. Die Wahrnehmung von Schwingungen erfordert eine gewisse Sensibilität, die allerdings erlernt werden kann.

Das Bewusstsein eines Ortes will von uns verstanden werden. Über Pflanzen an solchen Orten drückt sich der Ort aus und versucht sich verständlich zu machen. So wie der Garten ein Spiegelbild unseres Inneren ist, so sind auch die Pflanzen ein Spiegelbild der Qualitäten vor Ort. Die Klassifizierung der Pflanzen ist nicht absolut zu sehen, da es in jeder Rubrik wiederum Unterteilungen gibt. Grundsätzlich wird beispielsweise eine Kletterpflanze dem Yang zugeschrieben, doch gibt es Yin- und Yang-Kletterpflanzen.

Eine genaue Einteilung der Pflanzen nach Yin-Yang-Kriterien finden Sie ab Seite 70.

YIN	YANG
Am Boden liegend	Aufrecht stehend
Langsam wachsend	Schnell wachsend
Kugeliger Wuchs	Pyramidenwuchs
Kompakte Wuchsform	Sparrige Wuchsform
Runde Blätter	Spitze Blätter
Kleinwüchsig	Großwachsend
Nicht blühende Pflanzen	Blühende Pflanzen
Kurzblüher	Dauerblüher
Bodendecker	Kletterpflanzen
Weiß- und blau blühend	Rotblühend
Schatten liebende	Sonnen-Hungrige

Die Farbe rot steht fast ausnahmslos für Yang-Qualität, unabhängig von der Pflanzenart.

Yin Yang im Garten erkennen

Ein Bogen aus *Lonicera* stellt den energetischen Übergang in eine andere Zone des Gartens dar.

In Innenräumen und bestimmten Stellen im Garten gibt es häufig Bereiche, an denen sich niemand gerne länger aufhält. Meist hängt dies mit dem Ch'i-Fluss in der Wohnung oder im Haus zusammen. In einem Garten können Orte, die gemieden werden, durch einfühlsame Gestaltung wieder zum Leben erweckt werden. Um solche Orte in ihrer Grundstruktur zu erkennen, bedarf es allerdings Übung. Kinder und Haustiere sind meist ein guter Zeiger für die Qualität von Orten und von Pflanzen.

Nehmen wir als Beispiel eine Stadtlandschaft: Hoch aufragende Gebäude mit scharfen Kanten und teilweise spitzen Formen. Straßenlaternen und viel Licht in der Nacht, aufgeastete Straßenbäume in Säulenform alleeförmig gepflanzt. Im Sommer glüht der heiße Asphalt und der Straßenlärm ist überall. In dieser Umgebung sind symbolisch die Yang-Aspekte stark vorherrschend und können zum Teil erdrückenden Überhang gewinnen. Hier gilt es zum Wohlbefinden derjenigen, die in dieser Umgebung leben, einen Yin-Aspekt gestalterisch umzusetzen. Dies kann im öffentlichen wie im privaten Freiraum geschehen, etwa mit Wasserflächen oder runden Gestaltungsformen (ruhiges Wasser steht für den Yin-Aspekt). Pflanzen mit kugeliger, breiterer Wuchsform, vorzüglich mit blauer und weißer Blüte unterstützen den Yin-Anteil. Als Materialien für den Boden kommen Erde, Kies und Steine in Frage.

YIN	YANG
Kühles Mikroklima	Heißes Mikroklima
Schattiger Garten	Sonniger Garten
Mulden, Senken	Hügel, Kuppen
Im Wald	In der freien Landschaft
Nass	Trocken
Lehmiger Boden	Sandiger Boden
Geschützte Stellen	Exponierte Stellen
Flaches Gelände	Steiles Gelände
Ruhige Bereiche	Laute Bereiche
Windarm	Windig
Beruhigender Ort	Anregender Ort
Flaches Gelände	Steiles Gelände
Viel Wasser vorhanden	Kein Wasser vorhanden

Die Yin-Yang-Aspekte zeigen sich im Garten durch das Wechselspiel von Pflanzen (organisch = Yin) und Gartenaccessoires und Gestaltungsmaßnahmen (anorganisch = Yang). Möchten Sie einen Pavillon im Garten haben, so ist dieser als Yang-Aspekt zu sehen, da er nicht mehr lebt

Rhododendren blühen zwar nur sehr kurz, geben dem Garten aber in dieser Zeit einen sehr starken Yang-Impuls.

wie eine Pflanze. Eine Terrasse, ein Brunnen, Kunstgegenstände und andere Objekte sind im Verhältnis zu den Pflanzen ebenfalls Yang-Aspekte im Garten.

Meinen Erfahrungen nach haben die Pflanzen in den Gärten meist die Überhand. Es wird zu wenig auf gestalterische Maßnahmen zurückgegriffen, die auch ästhetischen Wert haben. Meist wird nur das Notwendigste an baulichen Veränderungen durchgeführt. Der Rest des Gartens wird mit Pflanzen versehen. Dadurch entsteht meist ein Yin-Überhang, der den nötigen Esprit im Garten vermissen lässt.

Der Garten sollte in der Summe einen Ausgleich zwischen diesen beiden Polaritäten ergeben. Pflanzen können einerseits durch ihre Wuchsform, Standortansprüche und durch ihr inneres Wesen zu Yin oder Yang zugeteilt werden, andererseits können sie in Beziehung zu ihrer Umgebung den verkörpernden Aspekt wechseln.

Runde große Findlinge geben einem Garten einen Yin-Aspekt, der vor allem für stressgeplagte Menschen sehr beruhigend wirkt. Steine sind im Garten-Feng-Shui auch lebendig, sie haben jedoch im Vergleich zu Pflanzen eine langsamere Art zu leben. Um einen Stein zu verstehen und ihn für den eigenen Garten auszusuchen, bedarf es großer Erfahrung und Übung. Wenn Sie Steine als Dekoration im Garten verwenden, so suchen Sie diese immer persönlich aus. Günstig ist es in abschüssigen Gärten, wenn Sie an der untersten, tiefsten Stelle des Gartens einen oder mehrere liegende Steine setzen, um nicht zu viel Energie zu verlieren.

Der vordere Teil des Gartens wird als aktiver Ort (Yang) und der hintere Bereich wird als ruhiger Ort (Yin) beschrieben. Ein Vorgarten hat demnach soviel Yang, dass ein längerer Aufenthalt nicht zu Entspannung führen wird. Je weiter der Bereich vom Haus weg ist, desto mehr Ruhe können Sie erwarten.

Betrachten Sie Ihren Garten nach folgender Tabelle und notieren Sie sich, wie oft Sie Yin- und wie oft Sie Yang-Bereiche in Ihrem Garten haben. Erst die Summe ergibt eine Aussage über den Charakter Ihres Gartens.

Neben den Pflanzen in einem Garten sorgen auch Accessoires für den nötigen Esprit.

Gestaltungselemente

YIN	YANG	YIN/YANG
Wasser still (Teich)	Wasser bewegt (Wasserfall)	Kombiniert
Geschwungene Linien	Gerade Linien	Kombiniert
Runde Steine	Spitze schroffe Felsen	Kombiniert
Symbol Schildkröte	Symbol Vogel	/
Symbol Tiger	Symbol Drache	/
Rundes bogenförmiges Rankgerüst	Dreieckiges, fächerförmiges Rankgerüst	Quadratisches und rechteckiges Rankgerüst
Organische und runde Formen	Dreieckige und spitze Formen	Quadratische und rechteckige Formen
Rosenkugel	Sonnensymbol	Ton- und Steinkugel
Stein- und Metallskulpturen	Holzfiguren	Ton- und Keramikfiguren
Metallzaun	Holzzaun	Natursteinmauer
Klang im Garten	Licht im Garten	Steine im Garten
Mäandrierende Wegeführung	Gerade Wegeführung	/
Immergrüne Pflanzen	Blühende Staudenrabatten	Halbimmergrüne Pflanzen

Um gestalterisch auf einen Garten einwirken zu können, ist es notwendig, so vielfältig wie möglich zu arbeiten. Daher ist es wichtig, dass Sie bei der Planung Ihres Gartens also nicht nur an die Pflanzen denken, sondern auch an Gestaltungselemente, wie beispielsweise Wege und Pergolen, Licht und Farbe, Gefäße und Figuren, die dem Garten erst die entsprechende Atmosphäre geben.

Ein weißer Metallzaun mit runden Elementen symbolisiert starkes Yin.

DIE ZUORDNUNGEN VON GESTALTUNGSELEMENTEN ZU YIN UND YANG

Yin wirkt verlangsamend und beruhigend, Yang beschleunigt und weckt auf und Yin/Yang bringt uns in unsere Mitte.

Im Vergleich zu Gebäuden, die von Architekten geplant werden, von ausführenden Firmen errichtet werden und dann fertig sind, benötigt ein Garten etwas mehr Zeit und somit auch mehr Geduld, bis er so aussieht, wie er geplant wurde. Pflanzen benötigen Zeit, um zu wachsen und selbst ein zehn Jahre alter Baum hat verhältnismäßig wenig Charisma. Dem Einsatz von Pflanzen für die Schaffung einer bestimmten Stimmung sind demnach natürliche Grenzen gesetzt.

Um so wichtiger ist die Gestaltung des Gartens mit Maßnahmen, die nicht pflanzlichen Ursprungs sind. Ähnlich wie in der Architektur können dabei Ideen sofort umgesetzt werden. Beispielsweise ist die Errichtung einer Trockensteinmauer ein Vorgang, der bei Abschluss der Arbeiten sofort erlebt werden kann. Die Ausstrahlung dieser Mauer wird sich im Laufe der Zeit nur minimal ändern, da die Form von Anfang an dieselbe ist. Die Gestaltungs-

Ein klassischer Staketenzaun aus Holz steht für etwas Yang, die Polsterpflanzen mit den weichen Steinen symbolisieren Yin.

elemente übernehmen in den ersten Jahren die Schirmherrschaft des Gartens. Wenn die Sträucher und Bäume älter werden, ergeben beide ein harmonisches Ganzes und der Garten kann seine ganze Kraft zum Ausdruck bringen.

Es ist ein Phänomen der besonderen Art, dass vor allem Gärten im deutschsprachigen Raum von Pflanzen geprägt sind und kaum Gestaltungselemente bewusst eingesetzt werden. Überlegungen, die solche Maßnahmen rechtfertigen, sind meist sehr nützlicher und rationaler Natur. „Wir brauchen einen befestigten Weg, dann legen wir doch einfach Waschbetonplatten und zwar vom Gartentor bis zur Eingangstür in einer geraden Linie". Das fehlende Reflektieren, was so ein Weg mit meinem Garten und mir macht, wenn er aus einem billigen Material und gerade verlegt wird, kann zu unerwünschten Effekten im zwischenmenschlichen Bereich führen.

Das billige Material ist von seiner Ausstrahlung vergleichbar mit billigen Nahrungsmitteln. Es ist weniger Grundenergie vorhanden und schwächt auf lange Sicht die eigene Lebenskraft.

Aus der Sicht des Feng Shui ist es besser, wenn Sie auf eine teure Veränderung ein Jahr länger warten. Diese entspricht aber dann auch Ihren Gartenträumen. Machen Sie keine halben Sachen und leisten Sie sich ruhig ein bisschen Luxus im Garten.

TÜREN UND TORE

Eingänge stehen symbolisch für die Nahrung, daher empfehle ich immer dringend ein funktionierendes Gartentor mit einem gut sitzenden Türgriff. Die Tür sollte mindestens 90° zu öffnen sein und nicht quietschen. Ein sehr einladender Eingang ohne dornige Büsche vermittelt Klarheit und Wohlbefinden.

BODENBELÄGE

Bodenbeläge aus Natursteinen, Kies oder Klinkerziegel können alleine, aber auch gut in Kombination genutzt werden. Bodenbeläge aus Stahlgitter oder Gummi gefallen nicht jedem, sie sollten jedoch nicht außer Acht gelassen werden. Vermeiden Sie die ausschließliche Verwendung von Betonsteinen, da sie zu wenig Ch'i besitzen.

ZÄUNE

Wie Mauern dienen Zäune dazu, den Garten nach außen hin abzugrenzen und zu unterteilen. Bei erstgenannten ist ein Blickschutz meist sinnvoll, wobei die Höhe meist in der Bauordnung vorgeschrieben ist. Bei Unterteilung des Gartens ist die Abgeschlossenheit zweitrangig. Hier wird ein Gitterwerk nützlich sein. Holzzäune mit vertikalen Strukturen beschleunigen und stehen für Yang. Metallzäune mit horizontalen Elementen und Maschendrahtzäune verlangsamen den Grundcharakter des Gartens.

10 Fallbeispiele von Yin-Yang-Ungleichgewicht

Die Sha-Kraft einer Straßenkurve kann sich ungünstig auf Ihr Haus auswirken (Fallbeispiel 1).

FALLBEISPIEL 1: DIE GEFAHREN-STRASSE ZUM HAUS

Der Ch'i-Fluss in der Landschaft fließt in seiner natürlichen Form leicht mäandrierend und versorgt die Umgebung mit der notwendigen Lebensenergie. Begradigte Flüsse und Straßen beschleunigen diesen Ch'i-Fluss und machen das Ch'i zu einer unbenutzbaren Sha-Qualität. Gärten, die an der Außenseite einer gebogenen Straßenkurve liegen, sind von dieser Sha-Kraft besonders betroffen. Im Feng Shui spricht man von geheimen Pfeilen, die sich auf das Leben der Menschen ungünstig auswirken. Hier wird Energie beschleunigt und steht für zuviel Yang-Qualität.

Lösung: Der Garten erhält an der Straßenseite einen mit Sträuchern bepflanzten Hügel, damit eine geschützte Situation entsteht. Die Wirkung ist enorm und macht sich speziell bei Kindern sofort bemerkbar. Zusätzlich werden Yin-Pflanzen und verlangsamende Yin-Gestaltungselemente, z. B. ein kleiner Teich, eingesetzt.

FALLBEISPIEL 2: DER FRIEDHOF ALS NACHBAR

Ein Friedhof steht für den Tod und für den Aspekt der Wandlung. Überall, wo etwas stirbt, entsteht auch etwas Neues. Das ist im Leben so wie im Garten. Fallen Blätter ab, dann entsteht neue fruchtbare Erde. Stirbt ein Mensch, so wechselt er in eine andere Lebensform über. 95% der Weltbevölkerung denkt unabhängig vom Glauben so. Der Friedhof in der Nachbarschaft stellt eine Konzentration von Wandlungsenergie dar, die dem Yin zugeteilt wird. Die Transformationsphase von Verstorbenen kann

Einem Friedhof als Nachbar begegnen Sie am besten mit einer lebendigen Gestaltung (Fallbeispiel 2).

Die günstige Fließrichtung eines Gewässers ist von der Ausrichtung Ihres Haupteinganges abhängig (Fallbeispiel 3).

einige Zeit dauern und sich im Garten auf das aktive Leben bremsend auswirken.

Lösung: Bringen Sie Bewegung in Form von Windrädern, Windsäcken, Vogeltränken und -häuschen in Ihren Garten. Spiralen und Klangspiele beleben den Garten ebenfalls und bringen frische Energie. Laden Sie sich so oft wie möglich Gäste in Ihren Garten ein. Wenn Sie Kinder haben, veranstalten Sie Spiele mit den Nachbarskindern. Durch menschliche Aktivität und die erwähnten Hilfsmittel kann die Grundstimmung, in diesem Fall zu ruhig, in eine aktive Form umgewandelt werden. Bei der Pflanzenwahl kommen vorwiegend Yang-Pflanzen zur Auswahl.

FALLBEISPIEL 3: DER RAUSCHENDE BACH

Gärten, durch die ein Bach führt, sind sehr selten, doch wenn, dann sind diese Gärten gesegnet. Für Kinder ist es ein Paradies, das Wasser direkt zu erleben, Staudämme zu bauen und Wassertiere zu beobachten. So ein Bach kann jedoch auch sehr dominant werden, wenn er zu laut und mächtig ist. Stark fließendes Wasser kann zu Ch'i-Verlust führen, da die eigene Energie sprichwörtlich den Bach runter geht.

Lösung: Im Feng Shui gibt es eine Formel für die Fließrichtung des Wassers.

Wenn Sie aus Ihrer Haupteingangstüre hinaus- und in die Himmelsrichtung Süden, Norden, Osten oder Westen blicken, dann sollte das Wasser von links nach rechts fließen. Blicken Sie in eine Zwischenhimmelrichtung (Südwesten, Nordosten, Südosten oder Nordwesten), dann sollte das Wasser von rechts nach links fließen.

Stimmt die Himmelsrichtung mit der Fließrichtung nicht überein, so sollte der Bach im Bereich des Hauses unterirdisch geführt werden. Dasselbe gilt für den rauschenden Bach, der zu dominant ist. Eine weitere Möglichkeit ist das Tieferlegen und Bepflanzen des Bachbettes, um die Geräuschkulisse in Grenzen zu halten. Verwenden Sie in diesem Fall weiß und blau blühende Pflanzen in unmittelbarer Umgebung des Baches.

FALLBEISPIEL 4: DIE KONIFEREN-GÄRTEN DER NACHBARSCHAFT

Die Art von Gärten mit vielen Koniferen entstanden wahrscheinlich in den 70er Jahren, als wirtschaftlich alles sehr schnell wuchs, so auch die Häuser mit ihren Gärten. Was ist pflegeleichter und billiger als ein paar Thujen? Fichten! Genau, und daher hat sich diese Kombination bis in die heutigen Tage gehalten. Dazu ein gepflegter, gezupfter und gekämmter *Lolium perenne* Rasen und das Glück war perfekt.

Leider haben solche Gärten sehr wenig Ch'i-Kraft

Zu viele Nadelgehölze in Nachbars Garten gleichen Sie mit fließendem Wasser, blühenden Gehölzen und Bambus aus (Fallbeispiel 4).

und können den Menschen kaum Entspannung und Kraft geben. In diesem Fall ist das Yin in Form von Stagnation im Vordergrund.

Lösung: Trennen Sie sich von einigen immergrünen Freunden. Speziell alte Wacholder, die sich seit Jahrzehnten im Garten ausbreiten und riesige Nadelbäume, die längst in ihrer Funktion als Sichtschutzbäume ausgedient haben, sollten entfernt werden. Scheinzypressen- oder Thujenhecken könnten entweder komplett gegen eine Blütenstrauchhecke ersetzt werden, die dann einen geschwungenen Rand ergeben, oder mit Rankenpflanzen und einer Kletterhilfe in Form von gespannten Seilen berankt werden. Versuchen Sie einmal Kletterrosen bei Fichtenhecken einzusetzen und Sie werden eine kleine Sensation erleben. Sichtschutz ist im Winter vor allem durch Buche und Hainbuche gegeben. Der Rhythmus der Jahreszeiten wird durch diese Veränderung viel stärker erlebt und bringt mehr Ch'i in den Garten.

Einer Gartenbesitzerin in Wien habe ich einmal geraten, die fünf Meter hohe Thujenhecke, die sie auf kei-

In einem steilen Garten kann sich Ch'i leichter halten, wenn er terrassiert ist (Fallbeispiel 5, S. 35).

Zwei Lösungsansätze für Vorgärten bringen ganz unterschiedliche Charaktere hervor (Fallbeispiel 6).

nen Fall umschneiden wollte, so zu schneiden, dass die Oberkante eine Wellenform ergibt. Ihr Mann war ganz begeistert und hat das ganze Wochenende Hecke geschnitten. Er war anscheinend ein verkannter Künstler. Die Nachbarschaft ist zusammengelaufen und meinte erst, dass das verrückt sei. Er hat Sichtfenster und tiefe Täler in die Hecke geschnitten. Als das Kunstwerk fertig war, bekam er Angebote, auch bei den Nachbarn zu schneiden.

Feng Shui will bewegen. Hier hat sich einiges bewegt.

FALLBEISPIEL 5: DIE HANGLAGE

In einem Garten mit Hanglage ist es viel schwieriger, Ruhe zu finden, da der Ch'i-Fluss viel schneller fließt als in einem flachen Gelände. Das kann sich dann ungünstig auswirken, wenn Sie einen Garten der Entspannung kreieren wollen. Als sehr ungünstig erweisen sich Gärten, die an der tiefsten Stelle den Garten geöffnet haben. Das heißt, dass sich dort keine Hecke und keine Bäume befinden. Hier ist die Gefahr des Ch'i-Verlustes sehr groß.

Lösung: Eine etwas aufwendigere, aber sehr effektvolle Lösung ist die Terrassierung des Gartens. Bringen Sie an der tiefsten Stelle einen schweren Stein in den Garten. Verwenden Sie auf den einzelnen Terrassenebenen zusätzlich Steine, Tongefäße und andere schwere Gegenstände sowie Licht zum Anheben der Energie. Verwenden Sie Yin-Pflanzen und -Gestaltungselemente.

FALLBEISPIEL 6: DAS GRUNDSTÜCK IN DER SACKGASSE

Grundsätzlich sagt das englische Wort für Sackgasse „dead end street" über die Qualität einer Sackgasse einiges aus. Es ist hier einerseits ein Übermaß an Yin-Qualität vorhanden, das sich in Form von langsameren Ch'i-Fluss bis hin zur Stagnation bemerkbar macht und andererseits aggressive Energien in Form von Sha am Ende der Sackgasse. Es gibt mehrere Arten von Sackgassenqualität. Betroffen von der Stagnation sind alle Häuser, die in der Sackgasse stehen. Das direkt in der Flucht der Straße gebaute Haus ist meist vom geheimen Pfeil der Sackgasse betroffen. Gemeint ist hier wirklich das letzte Haus (manchmal sind es auch mehrere).

Lösung für die seitlichen Häuser: Verwenden Sie keine Koniferen im Eingangsbereich und im Vorgarten. Gestalten Sie mit viel Licht und Farben einen Eingang, der einladend und freundlich wirkt. Sparen Sie dabei nicht am falschen Platz. Eine Glühbirne, die Tag und Nacht brennt und an der richtigen Stelle platziert ist, kann Wunder wirken. Der Eingang steht im Feng Shui symbolisch für den

Farben an Hauswänden, Rankgerüsten und Sträuchern sind dauerhafter als bei einjährigen Pflanzen, die sehr viel Arbeit machen (Fallbeispiel 7).

Mund, also jener Ort wo Nahrung, bzw. Ch'i aufgenommen wird. Je großzügiger und offener der Eingang des Hauses gestaltet wird, um so besser ist der Ch'i-Fluss. Pflanzen Sie vor allem kräftig blühende rote, gelbe und orange Pflanzen.

Lösung für das letzte Haus: Verwenden Sie einen massiven Zaun und immergrüne Hecken, um den Aufprall der Sha-Energie abzufangen. Zwei Wächter in Form von Steinkugeln, Löwen oder Buchsbäumen sind ebenso sehr wirkungsvoll.

FALLBEISPIEL 7: DER TOTALE BLÜTENZAUBER

In vielen Zeitschriften und Büchern, die sich mit dem Garten beschäftigen, sind immer wieder Traumgärten zu sehen, die vor Blütenpracht nur so strotzen. Meist sind es Aufnahmen aus England, wo das Klima die Blütenpracht stark unterstützt. Im deutschsprachigen Raum ist diese Blütenpracht nur schwer zu erreichen. Und so kommt es, daß manche Gartenbesitzer enttäuscht sind, daß es in ihrem Garten nicht ebenso blüht. Ich kann Sie beruhigen, denn aus der Sicht des Feng Shui sind Gärten, die in einer extrem üppigen Pracht blühen, für unser Gemüt gar nicht günstig. Wer es schon einmal probiert hat, mit einjährigen Blumen, mehrjährigen Stauden und Gräsern und mit Zwiebelpflanzen, diese Blütenfülle zu kreieren, der weiß, wieviel Arbeit dies bedeutet. Es entsteht ein Überhang an Yang-Qualität, der zu Stress und Unruhe führen kann.

Lösung: Vermindern Sie den Einsatz von einjährigen Pflanzen und gestalten Sie Ihre Farben im Garten durch blühende Sträucher und Bäume, die so verteilt sein sollten, dass sie das ganze Jahr über blühen. Verwenden Sie farbige Gestaltungselemente wie Rankgerüste, Übertöpfe und beziehen Sie auch die Hauswände ein, um Farbe in Ihren Garten zu bekommen. Diese Art der Farbgebung ist dauerhafter und bringt in Kombination mit den blühenden Pflanzen eine harmonische Lösung.

Die Pflanzen, die aus dem benachbarten Wald einwandern, sollten Sie in Ihre Gartengestaltung mit einbeziehen (Fallbeispiel 8).

Zu viel Sonne wird mit der Farbkombination Blau-Weiß und schattenspendenden Maßnahmen begegnet (Fallbeispiel 9).

FALLBEISPIEL 8: DER GARTEN IM WALD

Als in Europa vor geraumer Zeit die ersten Gärten entstanden, musste Wald gerodet werden, damit freie Flächen für einen Park oder einen Garten entstehen. Es war ein ständiger Kampf gegen den Wald und sobald die freie Fläche zwei oder drei Jahre nicht gepflegt wurde, holte sich der Wald zurück, was ihm gehörte. Ein Garten im Wald ist ein Ringen mit Sämlingen aller Art, mit Moos und Giersch. Das Gras will nicht so recht wachsen, meist ist es eine Wiesenform mit vielen Kräutern.

Lösung: Nur mit unnötig intensiver Pflege werden Sie einen klassischen Garten mit Rasen halten können. Es entsteht ähnlich wie bei dem Beispiel mit dem Blütenzauber viel Arbeit. In diesem Fall ist ein Umdenken vom Mustergarten zum Naturgarten notwendig. Legen Sie sich die Latte nicht zu hoch, der Wald ist, solange er steht, immer stärker. Verzichten Sie daher auf exotische, schwer zu ziehende Pflanzen. Einheimische Natursträucher und die natürlich vorkommenden Stauden und Kräuter sollten betont werden, damit ein ausgeglichener Garten entstehen kann. Versuchen Sie einmal, eine Blumenwiese entstehen zu lassen. Der Naturgarten hat nicht nur ökologische Vorteile, sondern erhöht auch den Ch'i-Fluss.

FALLBEISPIEL 9: DIE SÜDEXPONIERTE LAGE

Der Traum von vielen Menschen ist ein südseitig gelegenes Haus mit einem großen Garten. Die südexponierte Lage bringt sehr viel Licht und Wärme. In unseren Breiten sehnen sich die meisten Menschen nach solchen Zuständen. Doch wie immer im Feng Shui hat auch diese Lage eine Kehrseite, da Sonne Yang symbolisiert.

Ein Zuviel an Yang kann sich auf das Gemüt sehr beschleunigend auswirken. Bei Menschen, die keine innere Ruhe haben und ständig in Bewegung sein müssen, und sei es im Kopf, kann die sonnige Lage einen ungünstigen Effekt haben. Streit, Lärm und Hyperaktivität sind die Folge.

Lösung: Gestalten Sie ganz gezielt Schattenplätze in Ihrem Garten. Pflanzen Sie je nach Größe Ihres Gartens einen Baum oder eine Baumgruppe mit üppigem Schatten spendenden Laub. Verwenden Sie fließendes Wasser, das auch im Winter rinnen soll.

Bei der Pflanzenwahl verwenden Sie blaublütige Pflanzen (z.B.: Hibiskus und Blauraute). Als Gestaltungselemente kommen alle runden und kugeligen Formen in Frage. Ein runder Pavillon und einige blaue Rosenkugeln helfen schon.

Zu viel Schatten wird mit der Farbe Rot, künstlichem Licht und feurigen Symbolen begegnet (Fallbeispiel 10).

FALLBEISPIEL 10: DER WINTER OHNE SONNE

Es gibt sie, die Grundstücke, die im Winter von der Sonne nicht beschienen werden. Meist sind es Tallagen und Nordhänge, an denen Häuser gebaut wurden, die viel zu wenig von der lebenspendenden Sonne erhalten. Meist sind diese Häuser eher feucht und die Gärten haben relativ wenig Blütensträucher und Stauden. Hier ist das Yin viel zu stark und wirkt sich auf die Bewohner verlangsamend aus.

Zu wenig Licht über das Jahr verteilt, verhindert die Bildung eines wichtigen Botenstoffes, Serotonin genannt, in unserem Organismus. Dieser Botenstoff bringt die gute Laune und die Motivation, die im Winter meist fehlt. Ist zu wenig Serotonin vorhanden, holt sich der Körper dies über kohlenhydratreiche Nahrung. Schokolade und Nudelgerichte können allerdings nicht über lange Zeit das Licht ersetzen.

Lösung: Mehrere Sonnensymbole in Form von Ton- und Holz im Garten verwenden. Verwenden Sie keine Metallsonnen, da sich dies mit der feurigen Qualität der Sonne nicht verträgt. Als Gestaltungselement besonderer Art wäre hier eine Pyramide im Garten angebracht. Pyramiden sind von ihrer Form her sehr starkes Yang und bringen frische Energie in so einen Garten. Gehen Sie auch im Winter so oft wie möglich ins Freie. Selbst wenn die Sonne nicht scheint, bildet der Körper Serotonin und hebt einerseits die Stimmung und trägt andererseits zum Ausgleich von Yin und Yang sehr wesentlich bei. Pflanzen Sie Sträucher und Bäume mit rotem Beerenschmuck im Winter. (z.B.: Hartriegel/*Cornus mas* und Vogelbeerbaum/*Sorbus aucuparia*)

Yin Yang bei Menschen erkennen

In jedem von uns sind sowohl weibliche (Yin) wie auch männliche (Yang) Anteile vorhanden. Das gilt für beide Geschlechter. Der Unterschied, ob eine Person auf uns einen Yin- oder Yang-Eindruck hinterlässt, hängt nicht unbedingt von deren Geschlecht ab. In jeder Frau stecken genau so viele Yang-Eigenschaften (Aggression, Ratio, Schnelllebigkeit) wie in einem Mann. Umgekehrt ist es jedem Mann möglich, Yin-Attribute (Intuition, Zurückhaltung und Weitblick) zu leben.

Das Yin-Yang-Prinzip ist dynamisch, daher existieren keine reinen Yin- oder Yang-Eigenschaften für sich alleine. Das Yin-Yang-Zeichen der beiden Fische zeigt ein schwarzes Auge im weißen Fisch und umgekehrt. Ein interessantes Phänomen ist bei sehr extremen Situationen oder Charaktereigenschaften zu bemerken. Aus einem überbetonten Yang wird plötzlich ein Yin. Beispielsweise bei drei durchgearbeiteten Nächten wegen einer Projektabgabe folgt die totale Erschöpfung, wenn die Spannung nachlässt. Bei übertriebenem Yin folgt das Gegenteil. Nehmen wir das Beispiel von starker Unterkühlung. Der Körper reagiert mit hohem Fieber.

Zu jedem Menschentyp passt eine Pflanze. Weiße kleine Blüten symbolisieren einen zurückgezogenen Menschen.

Die Menschen, die zwischen den beiden Qualitäten stehen, zählen zu den Yin/Yang-Typen und sind meist sehr ausgeglichen und ruhen in sich selbst. Lassen Sie sich jedoch nicht täuschen. Ein ruhiger Mensch, der anderen zuhören kann und selbst durch nichts aus der Ruhe zu bringen ist, kann auch seine versteckten Seiten haben, die erst zum Ausdruck kommen, wenn es zu außergewöhnlichen Situationen kommt.

Mein Tipp bei der Beurteilung von sich selbst lautet: Fragen Sie gute und weniger gute Freunde, wie Sie auf diese wirken. Je mehr Menschen Sie interviewen, desto genauer wird die Aussage. Bei der Beurteilung anderer Menschen gilt dasselbe. Reden Sie mit den Personen, aber auch mit anderen über sie oder ihn. In einer Gruppe lassen sich solche Beschreibungen immer am leichtesten durchführen.

Die Tabelle auf Seite 40 spiegelt die Yin- und Yang-Charaktereigenschaften von Menschen wider.

WAS IST NUN DAS ZIEL?

Haben Sie einmal erkannt, ob es sich bei Ihnen um einen Yin- oder Yang-Typ handelt, dann suchen Sie Maßnahmen, die diesen Zustand ausgleichen. Ein Yang-Typ sollte seinen Garten vorwiegend nach Yin-Aspekten gestalten, um im Leben die notwendige Mitte zu finden. Blaue und weiß blühende Pflanzen, die einen kugeligen und niedrigen Wuchs haben, entsprechen dem Yin. Welliges Terrain unterstützt ebenfalls den Yin-Aspekt. Dabei ist es nicht notwendig, alle Bereiche des Gartens so zu gestalten. Verwenden Sie ohne weiteres auch rote Blumen,

YIN	YANG
Introvertiert	Extrovertiert
Friedlich	Aggressiv
Schüchtern	Mutig
Langsamer Mensch	Schneller Mensch
Still	Gesprächig
Leise Stimme	Laute Stimme
Genießer	Hektiker
Detailverliebt	Oberflächlich
Tüftler	Pfuscher
Weitblickende Denkweise	Kurzsichtige Denkweise
Antriebslos	Kann nicht still sitzen
Langsamer Esser	Schneller Esser

jedoch nicht im Übermaß. Es genügt oft, wenn einige wesentliche Merkmale im Garten unter dem Yin-Aspekt erscheinen und wirken können. Eine ruhige Wasserfläche zum Beispiel wirkt sehr verlangsamend und kann einen Garten bei entsprechender Größe dominieren. Entsteht dieser Eindruck und wird dies durch einen lauschigen Platz mit Bank im Schatten unterstützt, können Sie bedenkenlos rote Rosen verwenden, da das Yang der Farbe Rot unverhältnismäßig schwächer ist als das Yin des Wassers mit dem Ruheplatz.

In jedem Mann steckt auch ein weiblicher Anteil. Die Betonung liegt bei *In jedem*!

Um einen Ausgleich von menschlichen Verhaltensweisen zu erzielen, ist es neben den Feng-Shui Maßnahmen im Garten, im Haus und am Arbeitsplatz von Vorteil, wenn Sie psychologische Hilfe annehmen. Eine Gesprächstherapie bei Partnerproblemen kann wahre Wunder wirken. Ähnliches gilt für eine Moderation oder Supervision in betrieblichen Bereichen. Die Zeiten, in denen ein Gespräch bei einem Psychologen mit der Einlieferung in eine psychiatrische Anstalt verbunden wurden, sind Gott sei Dank vorbei.

Das Hemd ist einem näher als der Rock lautet ein altes Sprichwort. Um einen extremen Überhang an Yin oder Yang sofort auszugleichen, fangen Sie am besten bei Dingen an, die Ihnen sehr nahe sind. Ein Zuviel an Yang können Sie mit blauer oder weißer Bettwäsche ausgleichen. Das funktioniert besonders bei Kindern sehr gut. Ein Zuviel an Yin harmonisieren sie am besten mit roter Kleidung. Dies funktioniert natürlich auch mit der Unterwäsche, wenn Ihnen die Farbe Rot im Außen nicht zusagt.

Diese Überlegungen können Sie auch auf Ihr alltägliches Leben ausweiten. Stehen Sie zum Beispiel vor der Entscheidung, sich ein Haustier anzuschaffen, sollten Sie sich genau über die Wesensmerkmale des Tieres informieren. Ein Jagdhund mit starkem Lauftrieb kann sich für einen Yang-Typen, der unter Stress steht und wenig Zeit hat, sehr ungünstig auswirken. Eine Wasserschildkröte ist für Kinder, die hyperaktiv sind, genau das richtige. Da lernen die Kinder mit der Zeit und mit der Langsamkeit besser umgehen. Wählen Sie ein Tier, das Ausgewogenheit bringt zwischen Yin und Yang.

Die Ernährung lässt sich in der Traditionellen Chinesischen Medizin ebenfalls nach Yin- und Yang-Kriterien beurteilen. Yin-Nahrungsmittel wirken kühlend auf den Organismus. So sind zum Beispiel Orangen und Zitronen zwar Vitamin-C-haltig, sie kühlen den Körper jedoch auch stark ab. Orangen sind in südlichen Ländern im Hochsommer reif und werden dort zur Erfrischung gegessen. Bei einer sich anbahnenden Grippe benötigt der Körper zwar Vitamin C, aber auch viel Kraft, um die Temperatur zu halten. Trinken Sie nun literweise Orangen- und Zitronensaft, kühlen Sie den Körper so stark ab, dass Sie erst recht krank werden. Essen Sie bei einer Erkältung statt Zitrusfrüchten einmal eine kräftige Hühnersuppe.

Lilien sind Ausdruck einer nach außen gehenden Persönlichkeit.

Frischer Ingwer in einer Sauce oder Nüsse im warmen Müsli erwärmen den Körper ebenso.

In der Tabelle unten habe ich Ihnen einige Beispiele zusammengestellt, die Ihnen einen Überblick geben über die Yin- und Yang-Tätigkeiten.

Beim Durchgehen der Beispiele ist Ihnen sicher aufgefallen, dass es auch innerhalb der Spalten Unterschiede gibt. Sport betreiben ist im Vergleich zu Spazieren gehen mehr Yang und Bügeln ist ebenfalls mehr Yang als Schlafen. Die Liste ließe sich weiter fortsetzen wobei wir Tätigkeiten, Gewohnheiten und viele andere Dinge in Beziehung setzen könnten.

Nun haben Sie drei Ergebnisse. Sie kennen die Grundeigenschaften von Yin- und Yang-Pflanzen, sie haben etwas über Yin- und Yang-Gärten erfahren und Sie können sich selbst und Ihre Mitmenschen nach Yin / Yang-Kriterien einordnen. Diese Ergebnisse können Sie übereinanderlegen und sehen, welche Aspekte überwiegen. Ist ein Übergewicht auf der Seite des Yin, so werden sie Yang verwenden. Stellen Sie einen Überhang im Yang fest, so werden Sie Yin verwenden. Sie haben so die Möglichkeit, festzustellen, wie Ihr Garten grundsätzlich gestaltet werden sollte. Und Sie können dabei überhaupt nichts falsch machen.

Feng Shui ist ein lebendiges und dynamisches System, bei dem es besser ist, sich zumindest einen Schritt zu bewegen, als stehen zu bleiben. Und sei es ein Schritt zurück. Nach kurzer Zeit entpuppt sich dieser Schritt zurück als großer Sprung vorwärts.

YANG	YIN
Hundehaltung	Katze im Haus
Theaterbesuch	Fernsehen
Spiele spielen	Lesen
Geistiges und körperliche Arbeiten	Schlafen
Spazieren Gehen	Sitzen
Sport betreiben	Muße haben
Kochen	Bügeln
Kindererziehung	Alleine sein

Frauen sind dann am stärksten, wenn sie ihre eigenen Qualitäten erkennen und nicht, wenn Sie die Männerwelt imitieren.

DEN GARTEN GESTALTEN MIT DEN NEUN BEREICHEN

Blicken Sie in den Spiegel des Baguas und erkennen Sie Ihren Garten. Jede Zone stellt einen bestimmten Lebensabschnitt dar. Beschäftigt Sie ein Thema gerade sehr stark, dann sollten Sie auf diesen Bereich im Garten achtgeben. Verändern Sie etwas in Ihrem Garten an einer bestimmten Stelle, dann verändert sich auch etwas in Ihrem Inneren, wenngleich nicht immer sichtbar.

Mikrokosmos – Makrokosmos

Dieser Garten lässt auf Tiefgründigkeit und Detailverliebtheit der Bewohner schließen.

„Wie Innen so Außen, wie Oben so Unten" lautet ein sehr bekannter Ausspruch des Hermes Trismegistos.

Ihr ganzes Leben ist demnach nichts anderes als ein Spiegel Ihrer inneren Einstellung. Die Gesundheit, das Haus in dem Sie wohnen, der Garten: Alles ist ein Ausdruck, eine Entsprechung, die Sie mit Ihrer Kraft geschaffen haben. Die Erlebnisse aus unserer Kindheit, unserer Jugend und die Erfahrungen, die wir in Beziehungen sammeln konnten, füllen den emotionalen Rucksack, den wir durch unser Leben tragen. Diese Erfahrungen prägen auch unsere Art zu denken. Diese Prägung lässt uns Dinge anziehen, die genau zu uns passen. Es ist somit kein Zufall, dass Sie sich Ihr Haus genau so geplant haben, wie es jetzt aussieht. Es ist ein Produkt Ihrer Gedankenwelt.

Sie haben vielleicht schon einmal erlebt, dass Sie sich von einem Partner trennen und eine neue Beziehung eingehen. Dieser Mensch sieht anders aus und hat einen anderen Charakter, doch der Grund, warum Sie sich von diesem Menschen wieder trennen, ist derselbe wie zuvor. Gleiches zieht Gleiches an, lautet der Grundsatz, und wenn Sie sich innerlich nicht verändern, werden sich auch Ihre Partner nicht ändern.

Sie haben mehrere Möglichkeiten, wie Sie Ihr Leben sehen wollen. Sie können das Glas als halbvoll oder als halbleer bezeichnen. Bei der ersten Wahl fallen Sie unter die Optimisten, bei der zweiten unter die Pessimisten. So, wie Sie sich innerlich fühlen, so wird sich naturgemäß ihre Außenwelt an Sie anpassen.

In einer Verhaltensstudie zu diesem Thema wurde der Atem von Menschen gesammelt. Die kondensierte Flüssigkeit wurde im Tierversuch Ratten vorgesetzt. Einmal handelte es sich um den Atem von Optimisten, einmal um Pessimisten. Die Tiere, die die Flüssigkeit der Pessimisten tranken, wurden alle krank.

Die Gedankenwelt dürfen Sie also nicht unterschätzen. Geist steht über der Materie, das bedeutet, dass für jedes sichtbares Zeichen im Leben die Idee dazu in der unsichtbaren Welt geboren wird. Wirkt ein Gedanke lange genug, wird er irgendwann wahr.

Der Mikrokosmos spiegelt sich im Makrokosmos oder anders ausgedrückt, wenn ich mich ändere, dann ändert sich die Welt um mich. Dies bedeutet ein enormes Potenzial, das freigesetzt werden kann, da es in jedem von uns schlummert.

Es sind meist nur ein oder zwei große Themen im Leben eines jeden Menschen, die ihn wirklich beschäftigen.

Die Kunst des Feng Shui ist es unter anderem, herauszufinden, welche inneren Einstellungen Sie zu dem sichtbaren Hier und Jetzt geführt haben.

Ich habe in meinen Beratungen die Erfahrung gemacht, dass sich Lebensthemen eines Menschen oder einer Familie unter anderem auch in den Grundrissen ausdrücken. Dies beeinflusst auch die Auswahl von Wohnungen, Häusern und Gärten. Wir ziehen bestimmte Muster an und dies drückt sich dann in der Art der Gestaltung, in der Form des Grundrisses und in der Wahl der Lage in der Landschaft aus. Davon ausgehend, dass auch ein Garten ein Organismus ist, der sich von einem menschlichen Organismus nur durch seine äußere Gestalt unterscheidet, wird klar, dass auch hier dieselben Spielregeln gelten.

Gleiches zieht Gleiches an. Das klingt unglaublich und ich war anfangs auch sehr kritisch gestimmt. Die Häufigkeit dieses Phänomens hat mich letztendlich doch überzeugt, dass da etwas Wahres dran ist. Wir haben eine Prägung, einen Erfahrungsschatz, den wir auch nach Außen tragen. Wir sind nur nicht so geübt im Beobachten, wenn es um Gärten geht. Bei Menschen haben wir es leichter, doch es besteht keinerlei Unterschied.

Jetzt gibt es ein Phänomen. In Ihrem Leben passiert etwas, das Sie persönlich stark verändert. Der Freundeskreis ändert sich, einige Einstellungen zum Leben werden angepasst, die Ernährung ist bewusster gestaltet und die Kleidung wechselt. Früher oder später werden Sie auch Ihren Wohnort wechseln, da auch dieser Ihnen nicht mehr entspricht.

Mit Feng Shui haben Sie die Möglichkeit, über äußere Veränderungen, wie einer Gartenumgestaltung, neuen Gartenmöbeln oder Accessoires Veränderungen in Ihrem Leben anzustoßen. Sie können sich vorstellen, dass eine gezielte Gestaltung im Außen auch einen Wechsel der inneren Lebensumstände mit sich bringt. Blockaden werden aufgelöst und es kann zu einer Lösung Ihres Lebensthemas kommen.

Feng Shui gibt Ihnen nun mit dem Bagua ein Hilfsmittel in der Hand, mit dem Sie den Zusammenhang zwischen innen und außen sehr leicht herstellen können.

Accessoires an der richtigen Stelle eingesetzt, erinnern Sie an Ihr Vorhaben etwas bei sich selbst zu verändern.

Das Bagua und seine Anwendung

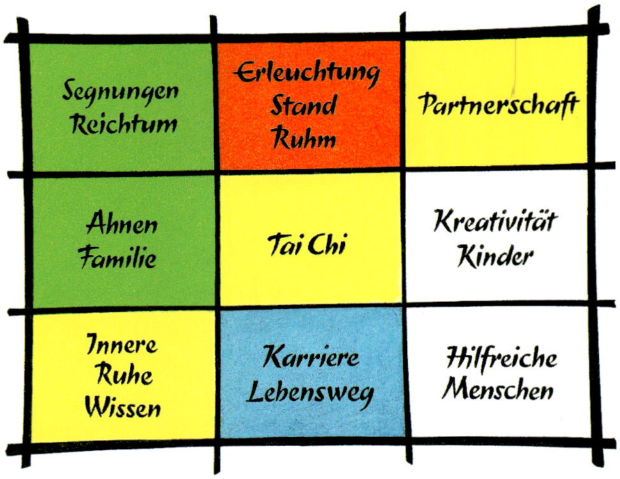

Das Bagua und seine Neun Bereiche.

Die Feng-Shui-Lehre arbeitet mit verschiedenen Methoden, um den Einklang mit Mensch und Natur zu erreichen. Eine sehr einfache und effiziente Möglichkeit Feng Shui im Garten anzuwenden, bietet das Bagua. Der Ursprung liegt weit vor unserer Zeitrechnung und geht davon aus, dass neun Felder in einer quadratischen oder rechteckigen Anordnung unterschiedliche Lebensstadien beschreiben. Der Garten wird dabei als Spiegelbild des eigenen Lebens verstanden und jedes Feld stellt eine Station im Leben eines Menschen dar.

Die Anwendung der neun Felder ist ganz einfach. Das Bagua richtet sich nach dem Eingang in den Garten und wird unabhängig von den Himmelsrichtungen angewandt. Es wird so aufgelegt, dass die Bereiche Wissen/Innere Ruhe, Karriere/Lebensweg und Hilfreiche Menschen auf der Eingangsseite zu liegen kommen. Sie kommen somit in Ihren Garten über einen dieser drei Bereiche herein. Daraus ergibt sich automatisch die Zuordnung der anderen sechs Felder. Stehen Sie vor Ihrem Gartentor und blicken in den Garten, so befindet sich rechts hinten immer die Partnerschaftsecke, in der Mitte die Erleuchtungsecke, links hinten die Reichtumsecke usw.

Haben Sie zwei oder mehr Garteneingänge, dann zählt jener Eingang, den Sie öfter benutzen. Wenn Ihr Vorgarten durch Ihr Haus vom Hauptgarten getrennt ist, dann verwenden Sie zweimal das Bagua. Beim Vorgarten gilt der Eingang durch das Gartentor. Der Eingang des Hauptgartens wird nun entweder von der Terrasse aus, oder von einem eventuell bestehenden schmalen Verbindungsteil des Vorgartens definiert.

Damit Sie feststellen können, welche Zone in welchen Gartenbereich fällt, benötigen Sie einen maßstabsgerechten Plan Ihres Gartens. Am einfachsten ist die Beschaffung eines Katasterplanes bei der Gemeinde. Teilen Sie nun Ihren Garten in neun gleich große Teile.

Hier sind Fehlbereiche im Bagua vorhanden.

Fließendes Wasser belebt vor allem die Zone Karriere und die Zone Reichtum.

Bei unregelmäßigen Grundstücken und Hausgrundrissen entstehen entweder Fehlbereiche oder Erweiterungen. Dies ist davon abhängig, wie groß die Abweichungen sind. Fehlbereiche entstehen dann, wenn ein Grundstücksteil oder das Haus mehr als ein Drittel der Gesamtlänge oder –breite über den Hauptteil hinausragt. Ein Fehlbereich schwächt den jeweiligen Bagua-Bereich. Vorsprünge, die weniger als ein Drittel betragen, werden als Erweiterung betrachtet. In diesem Fall wird der jeweilige Bagua-Bereich verstärkt. Diese Berechnung gilt sowohl für das Grundstück als auch Ihr Haus. Für einen Fehlbereich sind folgende ausgleichende Maßnahmen notwendig:

SCHRÄGER GRUNDRISS

Bei schrägen Grundrissgrenzen gilt folgende Lösung. Die Bagua-Grenze wird so lange in Richtung schräger Grenze verschoben, bis etwas weniger als ein Drittel des Grundstücks hinausragt. Verwenden Sie an der schmalen Grundstücksgrenze Licht im Garten, um diesen Bereich größer erscheinen zu lassen. Spiegel im Garten erweitern das Grundstück sehr effektiv.

Hier ist eine Erweiterung im Bagua vorhanden.

Um ein erfülltes Leben zu erreichen, sind rechteckige oder quadratische Grundstücksformen förderlich. Nur in diesem Fall sind alle neun Bereiche im Garten vollständig vorhanden und bringen Stabilität und Harmonie in Ihren Garten und somit auch in Ihr Leben.

L-FÖRMIGER GARTENGRUNDRISS

Wenn Sie die L-Form Ihres Gartengrundstücks zu einem Rechteck vervollständigen wollen, dann verwenden Sie an den beiden inneren Grundstückskanten künstliches Licht oder einen Spiegel. Dies hat einerseits einen tollen Effekt und bringt den Garten wieder in seine Mitte. Es geht darum, dem Garten wieder seinen gesamten Körper zu geben, da nur dann ein Gleichgewicht vorhanden ist.

Wenn Sie ein L-förmiges Haus besitzen, dann können Sie den Fluchtpunkt der beiden äußeren Gebäudekanten stärken. Verlängern Sie die beiden Kanten, damit das Haus zu einem Rechteck wird. Auf diesem Punkt verwenden Sie künstliches Licht, einen einzelnen Stein, ein Vogelhäuschen oder einen blühenden Strauch.

Die einzelnen Bagua-Zonen

Im Folgenden werde ich die einzelnen Zonen beschreiben und Ihnen Tipps geben, worauf Sie achten sollten. Grundsätzlich ist zu sagen, dass bei allen Veränderungen der Grundsatz gilt „Weniger ist mehr". Nehmen Sie sich also nicht gleich alle neun Bereiche auf einmal vor. Lesen Sie sich zuerst die Entsprechungen der einzelnen Bereiche durch und entscheiden sich dann für jene Bereiche, die Sie am meisten ansprechen. Suchen Sie diese Orte in Ihrem Garten auf und sehen Sie selbst, wie es dort aussieht. Mit Hilfe der bereits beschriebenen Gestaltungselemente und der nun folgenden Erklärungen für die einzelnen Bagua-Zonen, sowie mit dem hinten angefügten Pflanzenteil, können Sie die ersten Veränderungen vornehmen.

Sind Sie beispielsweise schon länger auf Suche nach Ihrem Lebenspartner, dann können Sie die Bagua-Zone des Gartens so umgestalten, dass dieses Thema in Bewegung kommt. Eine ausweglose Situation basiert meist auf einer Stockung, einer Stagnation, wobei der Fluss des Lebens unterbrochen ist. In diesem Fall wird durch eine Veränderung der äußeren Gegebenheiten, sprich Umgestaltung der Partnerschaftsecke im Garten, eine Veränderung in Ihrem Inneren hervorgerufen.

Wenn Sie die mögliche Ursache für diese stagnierende Phase erkennen, beginnt bereits die Veränderung. Durch die sichtbare Umgestaltung in der Partnerschaftszone des Gartens werden Sie jedesmal bewusst und unbewusst daran erinnert, was sich in ihrem Inneren abspielt und wie Sie es verändert haben. Durch eine Feng-Shui-Gartengestaltung beginnt auch bei Ihnen ein Prozess der inneren Veränderung.

ZONE KARRIERE, LEBENSWEG

Die Zone der Karriere/Lebensweg wird mit Flexibilität, Lebensfluss und Vertrauen in die höhere Führung verbunden.

Wasser und geschwungene Formen sind in diesem Gartenteil gefragt.

LEBENSTHEMEN:

- Haben Sie Ihr Leben selbst in der Hand?
- Haben Sie einen Beruf, der Sie ausfüllt und Ihnen Freude bereitet?
- Befinden Sie sich im Fluss des Lebens?
- Ist Ihr Leben von zu vielen äußeren Faktoren abhängig?
- Wechseln Sie oft Ihren Beruf?
- Hat es in Ihrem Leben schon einige unnötige Umwege gegeben?

MÖGLICHE VERÄNDERUNGEN

Befindet sich Ihr Garteneingang in diesem Bereich, dann bedeutet dies eine besondere Verstärkung dieser Themen. Ein freundlicher, nicht zu kleiner Eingang, der den Eindruck des Willkommens vermittelt, ist in diesem Fall besonders günstig. Licht, Wasser, geschwungene Formen und Gestaltungselemente aus Metall (Zaun, Skulptur) sind von Vorteil. Verwenden Sie weiße, graue und blaue Farbe. Dies gilt für alle Gegenstände und für Pflanzen. Gehen Sie sparsam um bei der Gestaltung mit Tontöpfen und naturfarbenen Holz.

ZONE PARTNERSCHAFT

Die Zone der Partnerschaft steht für den emotionalen Austausch zwischen zwei Menschen. Aber auch Arbeitsbeziehungen und Geschäftspartnerschaften sind hier symbolisch vertreten. Symbolisch findet sich hier auch der Mutteraspekt mit einem sehr starken Yin-Anteil, der erdende Funktionen hat. Im Garten sollte in diesem Bereich besonders auf Ordnung und lebendige Gestaltung geachtet werden.

LEBENSTHEMEN:

- Haben Sie Ihren Lebenspartner schon gefunden?
- Sind Ihre Beziehungen zu anderen Menschen in Ordnung? Kommen Sie gut mit Ihrem Chef aus?
- Sind Sie Single und ständig auf der Suche nach neuen Partnerschaften?

- Streiten Sie oft mit anderen Menschen?
- Werden Sie im Büro gemobbt?

MÖGLICHE VERÄNDERUNGEN

Ein Komposthaufen, der zu einem verkommenen Mistplatz mutiert ist, wird sich ungünstig auswirken. Wenn Sie allerdings fruchtbare Erde produzieren und den Kompostplatz schön erhalten und in die Gestaltung mit einbeziehen, dann kann sich das sogar förderlich auf die Partnerschaft auswirken. Verwenden Sie in dieser Zone niemals einzelne Pflanzen und Gegenstände, sondern nehmen Sie jeweils zwei oder mehrere. Duftpflanzen sind zu empfehlen. Günstige Farben sind Rot, Orange Gelb und alle Brauntöne.

Gehen Sie sparsam um mit immergrünen und schnell wachsenden Pflanzen. Vermeiden Sie naturfarbenes Holz und weiße Blütenfarben.

ZONE AHNEN, FAMILIE

Die Zone der Ahnen und Familie steht symbolisch für das Verhältnis zu Ihren Vorfahren und für Ihr Potential und Ihre Entwicklung. Der Blick in die Vergangenheit gibt Aufschlüsse über Ihr jetziges Leben. Ohne zu wissen, woher man kommt, ist es meist sehr schwierig, mit Glück und Freude in die Zukunft zu blicken. Achten Sie in diesem Bereich auf beständige, mehrjährige Pflanzen.

LEBENSTHEMEN:

- Haben Sie eine harmonische Beziehung zu Ihren Eltern und Schwiegereltern?
- Wissen Sie, wer Ihre Großeltern mütterlicher- und väterlicherseits waren?
- Ärgern Sie sich oft über Ihre Eltern und gibt es immer dieselben Konflikte?

MÖGLICHE VERÄNDERUNGEN

Das ausschließliche Vorkommen von Koniferen in dieser Zone behindert das Verzeihen und das Loslassen von Vergangenem. Lassen Sie die Vergangenheit in Frieden los und verzeihen Sie das eine oder andere Geschehnis und Sie werden sehen, dass sich das Leben leichter lebt. Kletterpflanzen und immergrüne einheimische Pflanzen eignen sich besonders für diesen Bereich. Die Farben Grün und Blau sind ebenfalls günstig. Weiß, Grau und Rot sollten nicht im Übermaß verwendet werden. Seien Sie auch sparsam bei der Verwendung von Metallgegenständen und kugelig geschnittenen beziehungsweise einjährigen Pflanzen.

Mit blühenden Gehölzen und Stauden können Sie jede Bagua-Zone aufwerten.

ZONE REICHTUM, SEGNUNGEN

Die Zone des Reichtums und der Segnungen steht für den Geldfluß und für die Geschenke des Lebens. Die Gestaltung dieses Gartenteils regelt den beruflichen und den privaten Finanzhaushalt. Reichtum kann aber auch bedeuten, einen lieben Menschen als Freund zu haben. Es geht also auch um nichtmaterielle Dinge.

Schaffen Sie Raum in diesem Bagua-Bereich, damit der Platz, der dabei entsteht, mit Reichtum aufgefüllt werden kann. Was Sie unter Reichtum verstehen, bestimmen Sie.

LEBENSTHEMEN:

- Kommen Sie mit dem Einkommen aus?
- Fühlen Sie sich manchmal innerlich reich beschenkt, z. B. durch einen Menschen?
- Rinnt Ihnen das Geld sprichwörtlich durch die Finger?
- Empfinden Sie Ihr Leben manchmal als Last und meinen, dass Wohlstand und Geld nur dem zustehen, der hart arbeitet?

MÖGLICHE VERÄNDERUNGEN

Günstig für die Reichtumsecke ist lebendiges Wasser in Form von Schwingschalen, ein Quellstein mit anschließendem Bachlauf, Windräder und reich fruchtende Sträucher und Bäume. Die Farben Blau und Grün sowie

schnellwachsende Pflanzen und Holz sind sehr günstig. Gehen Sie sparsam um bei der Verwendung von weiß- und rotblühenden Pflanzen, dornigen Sträuchern, metallischen Materialien wie Zäunen, Skulpturen und spitzen Gegenständen.

ZONE TAI CH'I-ZENTRUM

Das Zentrum steht für unsere Mitte, den Fokuspunkt, mit dem wir uns erden. In unserer Mitte sein, bedeutet Kraft beziehen aus dem unerschöpflichen Reservoir des Universums. Hier ist der Garten eingespannt zwischen Himmel und Erde und kann seine Kraft dem Menschen und den anderen acht Bagua-Zonen weitergeben.

Das Zentrum steht für körperliche, seelische und geistige Gesundheit: Aus dem Zentrum, beim Menschen dem Hara (zwei fingerbreit unter dem Bauchnabel), beziehen wir unsere Lebenskraft. Übungen wie Qi Gong und Tai Ch'i stärken vorrangig die Mitte unseres Körpers. Das Zentrum des Gartens sollte frei von Gebäuden oder Pflasterungen sein.

LEBENSTHEMEN:

- Sind Sie ein rundum gesunder Mensch?
- Fühlen Sie sich innerlich stark?
- Werden Sie von einer Krankheit nach der anderen durch Ihr Leben begleitet?
- Stehen Sie manchmal außerhalb Ihrer Mitte und fehlt Ihnen die Lebenskraft?

MÖGLICHE VERÄNDERUNGEN

Eine mögliche Gestaltungsform ist die Markierung des Tai Ch'i mit Hilfe eines Steinkreises, einer Spirale oder einer Solitärpflanze. Steine, Tontöpfe und die Farben Rot, Orange, Gelb und alle Brauntöne stärken das Zentrum ebenfalls. Vermeiden Sie den übermäßigen Einsatz der Farben Grün, Weiß und Grau sowie die ausschließliche Verwendung der Materialien Holz und Metall.

ZONE HILFREICHE MENSCHEN

Der Bereich der Hilfreichen Menschen steht für Soziales Engagement und für den persönlichen Mentor im Leben. Symbolisch findet sich hier auch der Vateraspekt mit einem sehr starken Yang-Anteil. Achten Sie besonders darauf, dass sich die Pflanzen in diesem Bereich gegenseitig unterstützen.

LEBENSTHEMEN:

- Haben Sie Freunde, die Sie im Falle eines Hausbrandes für einige Monate bei sich aufnehmen würden?
- Haben Sie einen Mentor in Ihrem Leben, jemand, der Sie unterstützt und mit Rat und Tat zur Seite steht?
- Haben Sie infolge Zeitmangel schon einmal Freunde verloren?
- Sind Ihnen andere Menschen egal und Hauptsache, Ihnen geht es gut?

Gestaltungselemente aus Stein sind günstig für die Zone Wissen, Innere Ruhe.

MÖGLICHE VERÄNDERUNGEN

Diese Zone eignet sich für die Errichtung eines gemütlichen Sitzplatzes. Erinnerungen an Reisen plazieren Sie am besten gleich dazu. Günstige Gestaltungselemente sind Gegenstände aus Metall, Ton und Stein, sowie die Farben Orange, Gelb, Braun, Weiß und Grau. Ungünstig sind die Farben Rot, Blau und Schwarz sowie sternförmige und fächerartige Formen. Wasser eignet sich für die Hilfreichen Menschen nicht.

ZONE KINDER, KREATIVITÄT

Die Zone der Kinder/Kreativität steht für die Leichtigkeit im Leben und die Möglichkeit, die Dinge in die Tat umzusetzen. Sie stärkt die kreative Seite in Ihrem Leben und bringt den nötigen Spaß an der Sache. Der Spielplatz für Kinder und für Erwachsene ist hier optimal.

Je kreativer Sie bei dieser Bagua-Zone vorgehen, desto besser ist es für den ganzen Garten.

LEBENSTHEMEN:

- Ist Ihr Leben erfüllt von kreativer Abwechslung?
- Sind Ihre Kinder auch Ihre Freunde?
- Zieht sich Ihr Leben dahin wie ein langweiliger Roman ohne Abwechslung?
- Haben Sie zu wenig Zeit, die schönen Dinge im Leben zu genießen?

MÖGLICHE VERÄNDERUNGEN

Kinder nehmen diesen Bereich sehr gerne an. Es macht allerdings einen Unterschied, ob Sie Ihren Kinderspielplatz mit fantasieloser Stangenware einrichten oder einen Abenteuerspielplatz gestalten, bei dem Sie Ihre eigenen Ideen einbringen. Runde Formen und die Farben Weiß, Orange, Gelb und Braun unterstützen diese Zone. Vermeiden Sie die Verwendung von Wasser und roter Farbe.

ZONE WISSEN, INNERE RUHE

Kontemplation und innere Einkehr sind die Themen dieser Zone. Die Fähigkeit, sich selbst zu betrachten, um zu erfahren, wo man im Leben steht und wohin es gehen soll, ist an diesem Ort leichter als an allen anderen. In dieser Zone sind neben den Fehlbereichen auch Erweiterungen ungünstig. Diese Zone hat, wie die Partnerschaft und das Zentrum, erdende Eigenschaften. Achten Sie darauf, dass diese Zone nicht zuviel Bewegung erfährt. Wenn Sie sich für eine Lösung entschieden haben, sollte diese auch Bestand haben.

LEBENSTHEMEN:

- Können Sie auch einmal Ruhe geben und abschalten?
- Genügt Ihr Wissen, um Ihr Berufsleben zu meistern?
- Ist Ihnen das Treiben in Ihrem Kopf und Ihre Aktivitäten zuviel?
- Verstehen Sie manchmal die Dinge, die um S passieren, nicht?

MÖGLICHE VERÄNDERUNGEN

Befindet sich Ihr Garteneingang in diesem Bereich, dann bedeutet dies eine besondere Verstärkung dieser Themen. Verwenden Sie für die Stärkung Ihrer inneren Ruhe schwere Materialien wie beispielsweise ein Meditationsplatz mit Steinen. Aber auch ein Gartenschuppen findet hier seinen Platz. Günstig für diesen Bereich sind rot blühende und fruchtende Sträucher. Die Farben Gelb, Orange und Braun sind hier auch gefragt. Vermeiden Sie den übermäßigen Einsatz der Farben Grün, Weiß und Grau sowie die ausschließliche Verwendung der Materialien Holz und Metall.

ZONE RUHM, ERLEUCHTUNG

Ruhm bedeutet gesellschaftliches Ansehen. Erleuchtung steht für Weisheit und über den Dingen stehen. Spirituelle Aspekte fließen hier in den Garten ein. Wie die Flamme des Feuers ist die Aktivität sehr hoch, sowohl im Innen wie im Außen. Achten Sie darauf, keine Provisorien zu haben und Dinge, die ihre Funktion aufgegeben haben, und reparieren Sie beschädigte Gegenstände immer gleich.

LEBENSTHEMEN:

- Können Sie von sich sagen, dass Sie ein selbstständig denkender Mensch sind?
- Ist Ihr Typ beruflich und privat gefragt?
- Handeln Sie öfters nach der Meinung anderer Menschen?
- Suchen Sie die Fehler meist bei sich und stehen im Leben immer in der zweiten Reihe?

MÖGLICHE VERÄNDERUNGEN

Auffallende extrovertierte Gestaltung wirkt hier unterstützend. Fächer- und sternförmige Gestaltungselemente sowie kräftiges Grün und Rot sind günstig. Gehen Sie sparsam um mit Gestaltungselementen aus Metall, Ton und Stein, sowie mit den Farben Orange, Gelb, Braun und Blau.

Kreieren Sie einen Ort zum Zurückziehen im Bagua-Bereich Wissen, Innere Ruhe.

Die Umgestaltung eines Gartens

Untersuchungen haben ergeben, dass Gartenbesitzer im Durchschnitt 12 Jahre benötigen, bis ihr Garten so aussieht, wie sie sich ihn am Anfang vorstellten. In den ersten Jahren werden Bäume und Sträucher versetzt, Staudenrabatten immer wieder an anderen Stellen ausgesetzt und der Komposthaufen wandert quer durch den Garten. Wenn die Hecken zu schneiden sind, müssen einige Sträucher den Garten verlassen, da sie zu eng gesetzt wurden. Am Ende dieser Periode von 12 Jahren kommt meist die künstliche Beleuchtung in den Garten und die letzten Veränderungen bei der Ufergestaltung des Schwimmteiches werden vorgenommen.

Eine Neugestaltung auf der grünen Wiese ist immer einfacher als einen alten Garten umzugestalten.

Aufgrund des Alters eines Gartens ist die Umgestaltung immer schwieriger als die Neugestaltung. Ähnliches gilt meist auch bei Häusern. Ein Neubau ist leichter zu bewerkstelligen und ist meist gleich teuer wie ein kompletter Umbau eines alten Hauses. Mit einem alten Baumbestand haben Sie jedoch einen Vorsprung, der unaufholbar ist. Die Atmosphäre, die von alten Bäumen ausgeht, ist einmalig und sollte unbedingt in die Planung mit einfließen.

Einen Garten, in dem wenig bis gar keine Arbeit anfällt, gibt es nicht.

WORAUF IST NUN ZU ACHTEN?

Bevor Sie mit der detaillierten Planung beginnen, benötigen Sie eine Bestandsaufnahme Ihres Garten. In dieser Analyse beurteilen Sie bestehende Baum- und Strauchgruppen, ob sie an dieser Stelle weiter wachsen können oder nicht. Dies richtet sich nach dem Ch'i-Fluss im Garten, nach den Bagua-Bereichen, nach der Yin-Yang-Verteilung und nach Ihren Wünschen. Mit Hilfe eines maßstäblichen Bestandsplans beginnen Sie, Ihre ersten Überlegungen zu Papier zu bringen.

Vor der ersten Planungsskizze wird im Feng Shui nicht nur das äußere Erscheinungsbild, sondern auch die innere Bedeutung der Gestaltungsaspekte verglichen und berücksichtigt. Dazu sollte es ein persönliches Gespräch geben, das dem Feng-Shui-Berater die Möglichkeit gibt, hinter den Vorhang zu blicken. Manchmal sind es familiäre Geschichten, die Spuren im Leben von Menschen hinterlassen haben. Aber auch Kindheitserfahrungen oder Beziehungskrisen bringen auf Dauer eine Prägung mit sich, die wir im Alltag jeden Tag von Neuem leben. Erst wenn uns jemand darauf aufmerksam macht oder wir durch eine Krise gehen, werden wir uns dieser inneren Muster bewusst. Wir erkennen plötzlich, warum wir uns so und nicht anders in jenen Fällen verhalten haben. Ein Feng-Shui-Garten geht auf diese Muster in Form der Ge-

staltung ein und versucht, Bewegung in fest gefahrene Situationen zu bringen. Hier ist der therapeutische Ansatz klar zu erkennen.

Bei einer Umgestaltung eines bestehenden Gartens kommt es vor allem auf die Wahrnehmung der vorhandenen Ortsqualität an. Damit meine ich das Gefühl, das Sie haben, wenn Sie Ihren Garten erleben. Stimmt dieses Gefühl mit dem eigenen überein, werden Sie nicht viel umgestalten müssen. Haben Sie andere Vorstellungen eines Gartens, wissen aber nicht, wie Sie es angehen sollen, dann gibt es mehrere Möglichkeiten, wie Sie vorgehen können.

Wenn Sie nun Ihren Garten verändern wollen, weil es noch vom Vorbesitzer so aussieht oder weil Sie einfach etwas Neues haben wollen, das auch zu Ihnen passt, dann stellen Sie sich dabei folgende Fragen:

- Was will ich im Garten erleben? Ruhe und Entspannung oder Spiel und Sport, oder beides?
- Bin ich eher ein Yin- oder ein Yang-Typ?
- Welche äußeren Einflüsse sind in der Landschaft vorhanden? Überwiegt der Yin- oder Yang-Anteil?
- Welche Yin- und Yang-Pflanzen wachsen bereits in meinem Garten?
- Wie soll mein Leben aussehen und was will ich bei mir und meinem Umfeld ändern?
- Welche festgefahrene Situation in meinem Leben soll sich verändern?

Nach dieser Analyse können Sie folgendes beurteilen:

- Benötige ich mehr Yin- oder Yang-Pflanzen?
- Welche Art von Gestaltungselementen (Yin oder Yang) unterstützen mich?
- Welchen Bagua-Bereichen muss ich ganz besondere Aufmerksamkeit schenken?
- Welche Pflanzen kann ich in meinem Garten setzen?

Bei der Realisierung Ihrer Gartenträume sollten Sie sich allerdings Zeit nehmen und nicht an allen Orten des Gartens gleichzeitig Umbauarbeiten vornehmen. Garten-Feng-Shui lehrt, den Garten aufmerksam zu betrachten, hineinzuhören und dann erst zu entscheiden und die Ideen umzusetzen.

Je mehr Sie selbst in Ihrem Garten umsetzen, desto schneller wird er lebendig.

Bei der Planung sind einige wesentliche Überlegungen zu berücksichtigen. Egal, wie groß Ihr Garten ist, eine Gliederung in einzelne Abschnitte ist für die spätere Nutzung sehr wichtig. Fangen wir bei dem Garteneingang an. Hier ist die Grenze zwischen Außenwelt und Privatsphäre. Zeigen Sie deutlich, wer Sie sind, in dem beim Eingang Ihr Namensschild zu lesen ist. Der Weg zum Eingang des Hauses sollte schon vom Gartentor deutlich erkennbar sein. Wenn Ihre Gäste, die zum ersten Mal zu Besuch sind,

Gartenarbeit hält jung und fit.

nicht gleich zum Haupteingang finden, dann deutet dies auf einen ungünstigen Ch'i-Fluss im Garten.

Sofern ein Vorgarten vorhanden ist, sollte dieser im Einklang mit der Architektur des Hauses stehen und Ihre individuelle Note repräsentieren. Der Eingang in den Garten steht symbolisch für den Mund, jener Ort, wo Nahrung aufgenommen wird. Eingänge sollten nicht nur gepflegt und freundlich wirken, sie sollten vor allem so gestaltet sein, daß genügend Platz vorhanden ist. Je enger und dunkler der Eingang, desto weniger Lebenskraft kann in den Garten fließen. In einem Vorzimmer ist es eine überfüllte Garderobe und im Vorgarten sind es Fahrräder und Autos oder auch Mülltonnen, die den Ch'i-Fluss stören.

Bei der Gestaltung Ihres Einganges und des Vorgartens sollten Sie folgende Dinge beachten:

- Bewegtes Wasser verstärkt den aktiven Yang-Teil des Vorgartens
- Schwere Steine und große Bäume wirken blockierend
- Zwei Wächter in Form von Skulpturen oder Pflanzen links und rechts vor der Haustür symbolisieren Stärke
- Blühende Sträucher und Stauden, die sehr lange blühen, sammeln das Ch'i
- Gerade Wege sollten Sie vermeiden, da sie Sha erzeugen und das Leben ungemütlich machen

Lassen Sie sich von Vorgärten der Nachbarschaft nur dann inspirieren, wenn es Ihnen wirklich zusagt und zum Charakter des gesamten Ortes passt. Vergessen Sie Gedanken wie Konkurrenz und Wettbewerb, denn sie verursachen nur einen Verlust der persönlichen Mitte. Überlegen Sie beispielsweise, ob eine Einfriedung des Vorgartens wirklich notwendig ist. Sofern keine streunenden Hunde unterwegs sind, die ihr Geschäft darin verrichten, besteht meist kein Grund. Der Ch'i-Fluss wird durch eine offene und einladende Fläche stark angeregt.

Der Hauptgarten ist in sich wieder in Zonen aufgeteilt. Dies ergibt sich aus der Nutzung. Gleich neben der Küche sollte ein Platz für frische Kräuter geschaffen werden. Eine Kräuterspirale hat von ihrer Form her mehr Lebenskraft und die Kräuter wachsen besser. Die Bereiche unmittelbar um das Haus werden als Übergangszonen bezeichnet, in denen sich noch der Einfluss gerader Linien des Hauses spiegeln kann. Achten Sie bei der Gestaltung einer Terrasse vor allem auf bequeme und verrückbare Möbel, damit Sie dem Sonnenstand folgen können. Duftpflanzen in Töpfen, insbesondere Duftpelargonien, eignen sich hervorragend, um es sich gemütlich zu machen. Je weiter vom Haus weg, desto organischer und unstrukturierter können die Formen werden.

Ein Bereich für Obst und Gemüse sollte in keinem Feng-Shui-Garten fehlen, findet sich doch im Reifen der Früchte der Rhythmus der Natur wieder. Auch wenn Sie es nur ganz einfach angehen, unterstützen Früchte den Ch'i-Fluss des Gartens und senden erdende Kraft aus. Einige Brombeeren, Himbeersträucher und verschiede-

Verändern Sie nicht an zu vielen Orten im Garten etwas gleichzeitig, sonst verlieren Sie leicht den Überblick.

Es dauert einige Jahre, bis ein so schöner Platz entsteht.

ne Obstbäume zum Naschen, sowie Zucchini und Tomaten für die Sommerküche sind auch ohne Vorkenntnisse ganz leicht zu ziehen. Der Standort dieser Obst- und Gemüseecke hängt in erster Linie von der Sonne ab. Wenn es möglich ist, dann sind die drei Bereiche des Baguas Partnerschaft, Zentrum und Wissen für Obst und Gemüse am besten geeignet. Auch die Zonen Kinder und Hilfreiche Menschen kommen als Standort in Frage.

Der Kompostplatz ist im Feng Shui viel beschrieben und manche Feng-Shui-Berater hätten ihn am liebsten aus dem Garten gebannt. Wenn ein Kompost richtig angelegt ist und nicht zum organischen Mistplatz wird, dann bringt er fruchtbare Erde hervor und kann praktisch in jedem Bagua-Bereich angelegt werden. Schmücken Sie die Kompoststelle mit Kürbis und Zucchini und Sie werden Ihre Freude haben.

Es hört sich alles ganz leicht an, doch wenn Sie nicht jahrelange Erfahrungen im Gärtnern besitzen, sollten Sie fachlichen Rat einholen. Die Planung eines Feng-Shui-Gartens ist eine eigene Wissenschaft, denn es gilt, neben dem Erkennen des Ch'i-Flusses und anderen Feng-Shui-Regeln auch die Pflanzen genau zu kennen. Wuchseigenschaften, Standortansprüche, Blühzeiten und die Verträglichkeit der Pflanzen untereinander, sowie das Wissen, wie die Pflanzen in 10 Jahren aussehen werden, sind Grundvoraussetzungen, um einen Garten zu gestalten. All dieses Wissen fließt in die eigentliche Beratung ein, bei der in einem Gespräch, das mehrere Stunden dauern kann, persönliche Dinge besprochen, Prägungen aus der Vergangenheit analysiert und Wünsche für den Garten geäußert werden.

Die eigentliche Kunst des Feng-Shui-Gartenarchitekten besteht darin, all diese Informationen zu vereinen und möglichst klar in die Planung einfließen zu lassen. Ähnlich wie in der Akupunktur gilt der Ansatz „Weniger ist mehr". Das gezielte Gestalten, bei dem die richtigen Punkte im Garten aktiviert werden, stellt einen sehr hohen Anspruch dar. Damit der Garten auch auf seine Bewohner wirkt, ist die Schönheit nur ein sekundäres Phänomen eines Feng-Shui-Gartens. Viel wichtiger sind die nicht sichtbaren Symboliken hinter all dem Sichtbaren.

Neben den vorhandenen Strukturen im Garten, werden auch die vielen äußeren Faktoren mit in die Feng-Shui-Planung einbezogen.

Das praktische Beispiel der Familie S.

Der Garten von Familie S. ist von mehreren Besonderheiten gekennzeichnet. Als markante Erscheinung ist die Einfriedung des gesamten Gartens zu erwähnen. Die Bauordnung schreibt hier vor, dass nicht die üblichen Zäune, sondern stabile Mauern errichtet werden müssen. Diese Eigenheit sperrte den Garten vor seiner Umgestaltung von der Außenwelt ab. Leblosigkeit und wenig Ch'i-Fluss waren die Folge. Die zweite Auffälligkeit war das vollständige Fehlen von Laubgehölzen. Ein Überhang von Koniferen führte dazu, dass in dem Garten kaum ein Jahresrhythmus zu erleben war. Die Familie mit ihren beiden Kindern hielt sich nur sehr selten im Garten auf und hatte kaum eine Beziehung zu den einzelnen Pflanzen.

Die Komposttonne stand in der Zone Partnerschaft und die Reichtumsecke wurde von einer veralteten Garage vollkommen vereinnahmt. Der Vorgarten hatte schon einen sehr schön gestalteten Wasserlauf, der richtigerweise zum Hauseingang floss. Der Quellstein stand genau im Bereich des Fluchtpunktes der beiden Hauskanten, die einen Fehlbereich in der Bagua-Zone Hilfreiche Menschen verursachten. Die Zone war somit bereits ausgeglichen.

Der Grundriss zeigt den geplanten Hauptgarten.

Die einst kahle Mauer wurde mit Farbe und Kletterpflanzen lebendig gestaltet.

Eine viel zu große Kiefer erhielt doppelseitige Spiegel und ein gestimmtes Klangspiel in ihren Ästen, damit sie leichter wirkt.

Direkt vor dem Haus stand jedoch eine große, aber einseitig wachsende Hängezypresse. Mit ihrer traurigen, fast gespenstischen Art hatte sie etwas Bedrückendes an sich und blockierte den Ch'i-Fluss des Haupteinganges.

Familie S. stand zur Zeit der Umgestaltung ihres Gartens vor entscheidenden Veränderungen. Die zwei Kinder waren bereits im Schulalter, und Frau S. wollte in der Praxis ihres Mannes mitarbeiten. Die Erstbegehung ließ mich ganz klar erkennen, worum es hier ging. Das Thema der Expansion stand im Raum und der Garten hatte nichts von dieser Aufbruchstimmung. Viel zu viele Yin-Elemente prägten den Garten, was sich in diesem Fall bremsend auswirkte. Zuerst musste der Baum vor dem Haus fallen und es folgten andere Koniferen im Hauptgarten. Allein dieses wurde von Familie S. als sehr befreiend und angenehm empfunden.

Die Bagua-Zone Ruhm war von der kahlen Mauer geprägt. Ein Spiegel, an der Mauer angebracht, erweiterte diesen Bereich, um das berufliche Ansehen der Familie zu heben. Eine Erweiterung unterstützt hier auch Weitsicht und Weltoffenheit. Vom Schlafzimmer aus betrachtet spiegelte sich die Wasserfontäne des Teiches.

Die Partnerzone wurde von den Komposttonnen befreit, sie übersiedelten neben das Haus. Die Garage in der Reichtumsecke bekam ein neues Dach, wurde neu verputzt und erhielt einige Farbakzente. Auf der mächtigen, für den Garten schon etwas zu großen Kiefer, wurden Spiegel und ein gestimmtes Klangspiel aufgehängt, um ihr die Schwere zu nehmen. Die Mauer erhielt einen gelben Farbanstrich, der dem Garten ein sehr freundliches Ambiente gab.

Nach der Fertigstellung hat sich nach und nach einiges verändert bei Familie S. Der Garten wird nun von allen Familienmitgliedern benutzt. Privat ist es ein wenig ruhiger geworden, was bei dem beruflichen Stress als sehr angenehm empfunden wird. Die Praxis der beiden läuft mittlerweile so gut, dass es bereits Pläne gibt, ein eigenes Therapiezentrum aufzubauen.

Das Gartentor wurde dem Bagua nachempfunden.

Eine Wasserfläche mit einer Fontäne, die ab und zu läuft, bringt abwechselnd Ruhe und Bewegung in den Garten.

Ein Spiegel an der Wand der Bagua-Zone Ruhm, hebt das berufliche Ansehen der Familie.

Auf der Drachenseite des Gartens wächst eine geschwungene Blütenhecke heran.

11 Tipps im Garten-Feng-Shui

Folgende Tipps sollen Ihnen einen Anhaltspunkt geben, was bei einer Gartenplanung nach Feng Shui alles zu berücksichtigen ist. Ich verwende hier das Zwiebelschalensystem, das davon ausgeht, dass die äußerste Schale die wichtigste ist. Um einen Feng-Shui-Garten als therapeutische Maßnahme verwenden zu können, ist es notwendig, bei den wesentlichen Dingen zuerst den Hebel anzusetzen.

TIPP NR. 1 ZIELE EINER GARTENGESTALTUNG

Was wollen Sie mit der Gestaltung Ihres Gartens erreichen? Dazu ist es notwendig, eine Bestandsaufnahme des eigenen Lebens vorzunehmen. Wo stehen Sie im Leben und wohin soll es gehen? Sehen Sie sich die neun Bereiche des Baguas an und entscheiden Sie selbst, welche Themen bei Ihnen aktuell sind. Erst die klare Definition, was Sie in Ihrem Leben wollen, macht es möglich, einen Feng-Shui-Garten auf Ihre Bedürfnisse abzustimmen.

Überlegen Sie zuerst was Sie in Ihrem Leben verändern wollen, bevor Sie den Garten planen.

Hier wird sofort klar, dass es nicht *den* Feng-Shui-Garten geben kann, da wir Menschen alle verschieden sind. Die therapeutische Wirkung des Gartens wird um so höher, je genauer der Punkt des Lebensthemas getroffen wird.

Führen Sie ein Leben voller Stress, so sollte Ihr Garten möglichst viele Entspannungsmomente bringen, damit Sie sich erholen können. Themen wie Sichtschutz und heimelige Ecken für den Rückzug sind hier gefragt. Yin-Gestaltungselemente und Yin-Pflanzen sollten bei der Auswahl bevorzugt verwendet werden. Ganz besonderes Augenmerk wird in diesem Fall der Bagua-Zone Innere Ruhe / Wissen geschenkt.

Träumen Sie schon lange von einer großen Veränderung in Ihrem Leben? Das, was bis jetzt so gelaufen ist, hat Sie nicht wirklich zufrieden gemacht? Sie fühlen sich vom Leben ausgebremst und wissen nicht, wie es weitergehen soll?

Sie sollten in Ihrem Garten Yang-Gestaltungselemente und Yang-Pflanzen verwenden. In diesem Fall sollte die Bagua-Zone Lebensweg und Karriere beachtet werden und auch die Eingangssituation in Ihrem Garten näher unter die Lupe genommen werden.

Versuchen Sie selbst, sich Fragen zu den einzelnen Bereichen zu geben oder machen Sie ein Spiel mit Freunden daraus.

TIPP NR. 2 ANALYSE DER UNMITTELBAREN UMGEBUNG AUSSERHALB DES GARTENS

Bei der Wahl eines Grundstücks sollten Sie auf Hügel und Berge achten, die sich vorzugsweise hinter dem Gebäude befinden sollten. Schutz, Geborgenheit und ein zufriedenes Leben sind die Folge.

Die Nachbarsgärten geben Aufschluss über das Potenzial des eigenen Gartens. Befinden sich bereits wunderschöne und kreativ gestaltete Gärten in der Ortschaft, so fällt es leichter, seinen Garten nach den eigenen Wünschen zu gestalten. Gibt es jedoch noch keine gestalteten Gärten, dann müssen Sie Pionierarbeit leisten, was wesentlich mehr Kraft kostet.

Schützen Sie sich vor Objekten, die geheime Pfeile aussenden: Dazu zählen scharfe, spitze, gerade oder dreieckige, natürliche oder künstliche Gegenstände und jegliche Strukturen, die bedrohlich wirken könnten (siehe auch Seite 32).

Zum Beispiel: Mauerecken, gerade Wege zum Haus, Dachgiebel der Nachbarhäuser, bedornte Sträucher im Eingangsbereich. Buschige und blühende Sträucher sowie Laub- und Obstbäume, die nicht zu groß werden, eignen sich zur Harmonisierung von geheimen Pfeilen. Verwenden Sie bei Obstbäumen alte Sorten, die im Geschmack oft intensiver sind! Diese erzeugen Leben spendendes Ch'i.

TIPP NR. 3 GESCHICHTE DER VORBESITZER UND DES ORTES

Jeder Ort hat ein Gedächtnis, daher ist es günstig, wenn Sie herausfinden können, wer vor Ihnen hier gelebt hat. Das beste, was Ihnen passieren kann, ist, wenn eine Familie ein Kind nach dem anderen bekam und aus Platzgründen den Ort verließ. Dies steht symbolisch für Fruchtbarkeit und Gedeihen. Sollten Sie nicht so viel Glück haben und sie erfahren eine unangenehme Geschichte der Vorbesitzer, dann ist eine energetische Reinigung des Gartens und des Hauses notwendig. Wie, wird in dem Buch von Denise Linn „Die Magie des Wohnens" beschrieben.

TIPP NR. 4 VORHANDENE STRUKTUREN IM GARTEN

Bei der Bestandsaufnahme des eigenen Gartens gehen Sie am besten so vor, dass Sie zuerst die größten und markantesten Einflüsse notieren und sie Yin oder Yang zuordnen. Strommasten, Nachbarhäuser, Bäume und Sträucher in den unterschiedlichen Erscheinungsformen, Wege, Licht, Wasser, Zäune, Tiefgründigkeit des Bodens usw.

Danach wird der Grundstücksform Beachtung geschenkt. Gleichen Sie Fehlbereiche auf Ihrem Gartengrundstück mit Hilfe des Baguas aus (siehe Kapitel „Den Garten gestalten mit den neun Bereichen").

<u>Gartenlaube, Pavillon</u>

Quadratische Formen beruhigen, sechseckige bringen Wohlstand, achteckige bringen die Anbindung an die universelle Kraft. Vermeiden Sie dreieckige Formen bei Nebengebäuden und spitz zulaufende Dächer und Kanten!

Ein Blick über den Gartenzaun gibt Aufschluss über das Potenzial der anderen Gärten.

Swimmingpool

Eine rechteckige Form ist nicht förderlich, da sie nicht mit dem Wasser harmonisiert. Tropfenformen, runde Form und Nierenform sind hier viel günstiger.

Bäume

Pflanzen Sie niemals direkt vor dem Haupteingang eines Hauses große Bäume. Bäume können Sie als Schildkröten- und Drachensymbole an der Rückseite bzw. rechten Seite des Hauses verwenden. Erkundigen Sie sich über die Endgröße und den Kronendurchmesser der Bäume, die Sie pflanzen möchten.

Versuchen Sie bestehende Strukturen mit in die Planung einzubeziehen.

Freiflächen

Die Mitte eines Gartens sollte immer frei sein oder durch eine besondere Gestaltung hervorgehoben sein. Der Swimming Pool oder der Schwimmteich sollte nicht die Mitte des Gartens einnehmen. Falls ein Vorgarten existiert, sollte dieser ebenfalls freie Flächen haben.

Terrasse

Geschwungene oder abgefasste Terrassenformen sind den Eckigen vorzuziehen, da sonst geheime Pfeile in den Garten gesendet werden. Natursteine haben mehr Ch'i als Betonsteine.

Wildzone

Jeder Garten benötigt einen Platz der Wandlung. Nicht nur aus ökologischen, sondern auch aus energetischen Gesichtspunkten ist dieser Wandlungsaspekt notwendig, damit Neues entstehen kann. Dabei wird ein kleiner Teil des Gartens nicht bearbeitet. Ein Haufen von Ästen mit Hohlräumen darunter, vermischt mit Grasschnitt und Laubresten, bietet Schutz für Igel, Spitzmaus und andere wichtige Nützlinge. Wildkräuter können aufkommen, die vielleicht auch Eingang in die Küche finden. Das Ergebnis macht sich spätestens im nächsten Sommer bemerkbar: weniger lästige Insekten und mehr Vögel im Garten.

Vorgarten

Grundsätzlich soll die Vogelseite – das ist jene Seite, in die das Grundstück und das Haus blickt und daher meist der Vorgarten – gestärkt werden: Je nach Himmelsrichtung gibt es folgende unterschiedliche Maßnahmen:

- Weist der Vorgarten nach Süden, sind Licht und vitale Pflanzen sehr günstig.
- Im Norden empfehle ich Metallskulpturen, Rosenkugeln und Wasser als Gestaltungselemente.
- Im Osten und Südosten eigenen sich blühende Blumen und Wasser.
- Im Westen und Nordwesten können Sie ein gestimmtes Windspiel und auch Steine zur Gartengestaltung verwenden.
- Im Südwesten und Nordosten sind Lichtelemente, Tontöpfe und Steine optimal.

TIPP NR. 5 YIN-YANG-VERTEILUNG

Yin und Yang sind in der Natur gleich verteilt. Sie sind ständig in Bewegung und schaffen Veränderungen. Im Garten herrscht der Mensch und nicht die Natur, daher kann es zu Ungleichgewichten kommen. Was passiert bei einem Ungleichgewicht?

Eine Gartenlaube aus Metall symbolisiert Wohlstand und Überfluss.

Zuviel Koniferen (Nadelgehölze) in einem Garten erzeugen starke Yin-Qualität und können zu Stagnation führen, da kein Rhythmus im Jahresverlauf zu spüren ist.

Lösung: Achten Sie bei Ihrem Garten auf eine ausgeglichene Verteilung der immergrünen Nadelgewächse sowie der Laub abwerfenden Bäume und Sträucher.

Beide Kräfte müssen vorhanden sein, wenn auch nicht gleichmäßig verteilt. Die Besonderheiten des Ortes müssen hervorgehoben werden. Es darf kein Übermaß vorhanden sein.

Sehr flaches Gelände entspricht Yin. In einer flachen Landschaft kann sich keine Leben spendende Energie sammeln. Schütten Sie einen Erdhügel auf und pflanzen Sie darauf Sträucher und Bäume, am besten gleich als Symbol der Schildkröte oder des Drachens. Ein Hügel im SW und NO angelegt ist sehr günstig.

Ein sehr steiles Gelände entspricht Yang. In den steil zerklüfteten Berghängen ist kaum Leben möglich. Ist der Garten steil, wird eine ruhige Wasserfläche günstig sein. Dafür muss der Garten jedoch terrassiert werden. Die so entstandenen Böschungen sollten immer mit beschwerenden Elementen (Steine, Tontopfe) versehen werden. Größere Rasenflächen, die leicht gewellt sind, symbolisieren ebenfalls Yin als Ausgleich. Schwere Gartendekorationen eignen sich ebenfalls, um den Yin-Aspekt zu stärken.

Ein Garten auf einem Hügel ist ungünstig, da das Wasser wegfließt und somit auch der Wohlstand, und es ist zuviel Yang vorhanden. Gegenmaßnahmen hierzu sind Pflanzungen, die das Ch'i auffangen.

Licht und Schatten

Zuviel Exponiertheit und zuviel Sonne ist genauso ungünstig wie zuviel Schatten und ein Garten in einem engen, feuchten Tal.

Gefragt sind:

Yang-Räume mit Yin-Zonen (Schatten spendender Baum mit Wasserfläche in heißem trockenen Klima. Wind- und lärmgeschützte Bereiche schaffen mittels Laubhecken).

Yin-Räume mit Yang-Zonen (Kunstobjekte, Klang und Licht in kühlen schattigen Gärten).

Die Proportionen und die Größe der Objekte in einem Garten sind maßgeblich für das Yin-Yang-Gleichgewicht verantwortlich. Pflanzen werden mit der Zeit zu groß und stören dann den Energiefluss. Eine schnell

Haben Sie einen großen Baum direkt vor Ihrem Haupteingang, dann kann der Ch'i-Fluss im Hausinneren geschwächt sein.

Ein weißer Kiesweg mit blauer Wegbepflanzung bringt Ruhe und Besonnenheit in einen Garten.

wachsende Platane in einen Garten zu pflanzen, der nur 400 m² groß ist, stört das Proportionsverhältnis und kann zu einem starken Ungleichgewicht führen, das sich wiederum ungünstig auf die Gartenbenutzer auswirkt. Unnatürlich hohe aufgeschüttete Hügel können das Gleichgewicht im Garten ebenfalls sehr stören. Wenn Sie ein Gefühl für Größe, Proportionen und Verhältnisse haben, wird es leicht fallen, zu entscheiden, wie groß ein Hügel sein muss. Fehlt Ihnen dieses Gefühl, dann ziehen Sie Freunde oder eine Fachfirma zu Rate.

Der Vorteil in einem Garten ist, dass für uns Menschen der Jahres- und Tagesverlauf sehr deutlich zu spüren ist. Die Schwankungen von Yin und Yang sind deutlicher zu erleben und erzeugen bei uns ein Gefühl, mit der Natur eins zu sein.

TIPP NR. 6 DER EINGANG IN DEN GARTEN

Der Eingang in den Garten ist ein sehr wichtiger Ort, da er den ersten Eindruck vermittelt und symbolisch für die Nahrungsaufnahme steht. Vermeiden Sie es daher, die Müllcontainer genau neben dem Gartentor zu platzieren, auch wenn es praktisch ist. Gestalten Sie den Eingangsbereich so großzügig wie möglich, damit er die Eigenschaften hell, freundlich und einladend erhält. Sie sollten beim Öffnen Ihrer Gartentür sagen können: „Ja, das bin ich!". Das ist nicht einfach, vor allem für Menschen, die nie zufrieden sind, doch die Umgestaltung mit diesem Ziel vor Augen macht sich bezahlt. Sie gehen dann jeden Tag gerne durch diesen Eingang. Die Freude, die dabei entsteht, gibt sehr viel Kraft für den Alltag und für das Leben.

TIPP NR. 7 DIE WAHL DER PFLANZEN

DIE AUSWAHL DER PFLANZENFARBE

Die Farben Grün und Rot werden in allen Abstufungen dem Yang zugeschrieben. Weiße und blaue Blütenfarben sind dem Yin zugeordnet und die Farben Orange und Gelb stehen als Ausgleich genau zwischen Yin und Yang.

Neben der Blütenfarbe kommt es bei der Beurteilung, ob es sich um eine Yin- oder Yang-Pflanze handelt, auch auf die Farbe der Rinde und der Blattform und -färbung an. Ahorn hat beispielsweise unscheinbare gelbe Blüten, jedoch sehr spitze Blätter und eine ausgesprochen starke Ausbreitungstendenz. Ahorn wird daher dem Yang zugeordnet.

Blühende gegenüber nicht- bzw. wenigblühenden Pflanzen haben mehr Yang-Anteil.

DER HABITUS

Die Wuchsform der Pflanzen ist entscheidend für das Erscheinungsbild des gesamten Gartens. Die endgültige Form der Pflanzen, insbesondere der Sträucher, wird erst nach vier bis fünf Jahren erreicht und benötigt Unterstützung durch Schnitt. Bei Bäumen kann es Jahrzehnte dauern, bis sie ihre Gesamtgröße erreichen. Auch sie benötigen in den Jugendjahren den sogenannten Erziehungsschnitt. Das erspart eine Menge Probleme im Alter.

Der Habitus wird nach dem Yin-Yang-Prinzip eingeteilt. Es gilt:

Yin: von Natur aus runde Formen wie Hortensien, Schneeball, Kugelfichte sowie vom Menschen geformte Kugelschnitte wie bei Buchs und Liguster.

Yang: nach oben strebende und schnell wachsende gerade Wuchsformen wie zum Beispiel Bambus, Säulenformen wie Wacholder 'Skyrocket', Thujen, Pyramidenpappel.

Die Blattformen bei Bäumen und Sträucher sind sehr unterschiedlich und reichen von rundlich, lanzettförmig, spitz, gefiedert bis gezahnt. Grundsätzlich sind alle rundlich und weich erscheinenden Blätter dem Yin zugeordnet und alle spitz und scharf gezahnten Blätter dem Yang zugeordnet.

Was die Form der Blätter angeht, sollten Sie vor allem im Eingangsbereich auf spitze Blätter zur Gänze verzichten. Den Besuchern erscheinen diese Blätter unbewusst wie ein Angriff.

Pflanzen mit Weiß- und Gelbblattformen, sogenannte panaschierte Blätter, haben als Gesamtorganismus sehr wenig Ausstrahlung und sollten in einem Garten, der Kraft spenden sollte, nicht übermäßig verwendet werden.

Links: Ein gerader Weg wird durch Polsterpflanzen weicher.

Unten: Meditationsplätze im Garten werden immer beliebter. Auf Wasser sollte man im Feng-Shui-Garten nicht verzichten. Es gilt als Informationsträger und Energiespender.

Da keine Pflanze das ganze Jahr über blüht, sind die Proportionen zueinander sehr wichtig.

TIPP NR. 8 WASSER

Wasser ist aus einem Feng-Shui-Garten nicht wegzudenken. Da wir Menschen und auch die Erde zu mehr als zwei Drittel aus Wasser bestehen, ist die Affinität zu diesem Element so immens wichtig. Wasser im Garten ist auch Informationsträger und Energiespender.

Folgende Hinweise sollten Sie beim Umgang mit Wasser berücksichtigen:

- Die Wasserfläche darf nicht größer sein als die Grundfläche des Hauses.
- Wasser darf niemals in unmittelbarer Nähe des Hauses vom Niveau höher sein als die Wohnfläche.
- Stehendes Wasser soll immer von bewegtem Wasser begleitet sein. Es soll immer sauber sein. Fische sind günstig.
- Wird im Vorgarten Wasser in Form eines Teiches gestaltet, dann ist es günstig, wenn der Teich links von der Eingangstür liegt (aus dem Haus blickend).
- Gibt es in der Nähe eines Hauses ein fließendes Gewässer, so ist es günstiger, wenn der Bach oder Fluss sich in Richtung des Hauses krümmt. Wendet er sich vom Haus ab, wird Energie mitgenommen und die Bewohner werden geschwächt. Kommt es hingegen bei einem vorbei fließenden Bach zusätzlich zu einer Wasseransammlung vor dem Haus, bedeutet dies Reichtum.
- Die Fließrichtung des Wassers in Abhängigkeit der Himmelsrichtung:
- Blickt die Eingangstüre in eine Haupthimmelsrichtung, sollte das Wasser von links nach recht fließen (vom Haus herausschauend).
- Ist die Eingangstüre in eine Zwischenhimmelsrichtung orientiert, ist es günstig, wenn das Wasser von rechts nach links fließt.

TIPP NR. 9 BELEUCHTUNG

Gerade im Winter ist eine Beleuchtung des Gartens sehr vorteilhaft. Voraussetzung ist, dass Sie ab und zu durch den Garten gehen. Mit Licht können Fehlbereiche vom Hausgrundriss im Garten ausgeglichen und schräg verlaufende Grundstücksgrenzen harmonisiert werden.

Licht steht für Yang und ist vor allem in dunklen, engen, feuchten Gärten sehr wichtig.

Eine Lampe am Ende eines Grundstücks, das stark abschüssig ist, kann die Energie wieder heben.

Lampen im SW stärken den Gemeinschaftssinn, im Süden das Ansehen der Familie.

Dezent beleuchtete Wege aktivieren das Yang im Garten und fördern den Ch'i-Fluss.

TIPP NR. 10 MOBILIAR

Die Auswahl des Mobiliars fängt bei der Frage des Materials an. Es wird grundsätzlich zwischen luftigem und klassischem Mobiliar unterschieden.

Luftig bedeutet leicht im Gewicht und somit mobil. Derartige Gartenmöbel bringen viel Bewegung in einen Garten und sie halten einen auf Trab. Verstärkt werden diese Eigenschaften durch ein modernes Design und die Materialien Kunststoff und Rattan.

Klassische Möbel haben erdende Funktion und laden zum Verweilen ein. Stabile Ausführung ist dabei Voraussetzung. Materialien wie Holz, Metall und Stein fördern diese Qualitäten.

TIPP NR. 11 LAUFENDE ARBEITEN IM GARTEN

Die Pflege eines Gartens wird oft unterschätzt. Im Folgenden einige Hinweise, wie Sie die Arbeit sinnvoll verringern können und dabei Ihrem Garten noch etwas Gutes tun:

Entfernen Sie Laub und Rasenschnitt niemals zur Gänze aus dem Garten, da sonst Nährstoffaustrag stattfindet und Ch'i verloren geht. Derartige organische Materialien sind hervorragend unter Sträuchern als Mulchdecke geeignet. Sie rechen Laub und Rasenschnitt einfach unter die Strauchreihe und düngen damit gleichzeitig die Gehölze.

Verzichten Sie ganz auf chemische Spritzmittel! Wenn ein Schädling oder eine unerwünschte Pflanze massiv präsent ist, dann deutet diese auf ein Ungleichgewicht des Gesamtorganismus Garten hin. Lesen Sie ein Buch über das biologische Gärtnern.

Der Schnitt Frucht tragender Sträucher sollte erst im April des Folgejahres geschehen, damit die Vögel etwas zum Fressen haben. Damit verlegen Sie einen Teil der Arbeit und vermeiden Arbeitsspitzen.

Haben Sie große Rasenflächen, die nicht ganz genutzt sind, dann probieren Sie doch einmal einen Teil des Rasens zur Wiese werden zu lassen. Im Spätsommer, wenn die Vögel nicht mehr singen, haben Sie dann ein Konzert von Grillen im Garten. Beachten Sie, dass das Mähen von einer Wiese Schritt für Schritt gehen soll (nicht auf einmal die gesamte Wiese mähen), damit sich die Insekten wieder zurückziehen können.

Behalten Sie möglichst viel organische Materialien im Garten und produzieren Sie Ihre eigene Erde.

PFLANZEN & SYMBOLE UND IHR INNERS-TES GEHEIMNIS

Das westliche Weltbild war bis vor kurzem noch sehr eingeschränkt. Die Bewusstseinserweiterung geht überall rasant vor sich. Alte Werte brechen zusammen und neue flexible entstehen. Die Pflanzen zeigen Ihnen, wie Sie sich zurechtfinden können.

Entdecken Sie auch die Kraft der Feng Shui Werkzeuge und Sie werden sehen, dass Ihr Garten erst so richtig zu leben beginnt, wenn Sie mit Accessoires und Gestaltungselementen arbeiten.

Wie Pflanzen auf uns Menschen wirken

Es scheint geradezu ein Bedürfnis aller Pflanzenliebhaber zu sein, mit ihren Pflanzen zu sprechen. Tatsächlich ist die Kommunikation zwischen Mensch und Pflanze möglich. Zahlreiche Untersuchungen mit Zimmerpflanzen bestätigen, dass es auf der emotionalen Ebene mit ihnen eine Verbindung gibt. Ein angesehener Geomant und Lehrer von mir hat einmal über die Gefühlswelt der Pflanzen gesagt: „Pflanzen denken so, wie wir fühlen". In dieser Aussage liegt die eigentliche Wahrheit. Wenn wir lernen, auf unsere Gefühlswelt mehr zu achten, dann können wir die Pflanzen reden hören.

Ich habe es anfangs natürlich nicht geglaubt, doch es passiert mir nun doch hin und wieder, dass ich bei einer Zimmerpflanze vorbeigehe, an Wasser denke und Durst verspüre und die Pflanze dann gieße. Diese Art der Unterhaltung funktioniert allerdings nur dann, wenn äußere Einflüsse auf ein Minimum reduziert werden. Die Kommunikation mit Pflanzen ist ein Lernprozess, zu dem im Prinzip jeder Mensch fähig ist. Es ist eine Frage der Begabung und natürlich der Zeit, die Sie für Pflanzen und für sich selbst aufbringen wollen. Mit Hilfe von Übungen wie Tai Chi, Qi Gong oder den 5 Tibetern können Sie zu Ihrer Mitte finden, um daraus Kraft und innere Harmonie zu tanken. Es gibt natürlich auch zahlreiche andere Methoden. Wenn Sie in diesen Zustand des inneren Friedens immer öfter eintauchen, dann wird sich die Kommunikation mit Pflanzen ganz von selbst ergeben.

Schon Anfang der 60er Jahre gab es Untersuchungen, bei denen die menschliche Gedankenkraft auf Pflanzen getestet wurde. Dieses Experiment wurde immer wieder wiederholt und es gab jedesmal dasselbe Ergebnis. Die Wissenschaftler nahmen hierfür drei gleiche Gruppen von Tomatenpflanzen und stellten jede Gruppe in einen anderen temperierten, lichten Raum. Über eine Glasscheibe war jeder Raum mit einer Art Hörsaal verbunden. Im ersten Raum saßen Studenten, die über einen Zeitraum von drei Wochen dreimal täglich drei Minuten lang an schöne Dinge dachten, die Farbe rot visualisierten und den Tomaten viele Früchte wünschten. Im zweiten Raum saßen ebenfalls Studenten, die allerdings negative Dinge dachten, die Farbe blau visualisierten und den Tomaten eine schlechte Ernte wünschten. Der dritte Raum wurde neutral behandelt.

Das Ergebnis nach drei Wochen Denken war verblüffend. Die neutrale Gruppe hatte normale Anzahl von Früchten, die rote Gruppe hatte überdurchschnittlich viele Früchte und die blaue Gruppe hatte keine Früchte. Die Studenten hatten jedoch nur gedacht.

Für die Beziehung zwischen Ihren Pflanzen im Garten und Ihnen hat diese Erkenntnis weitreichende Folgen. Es ist

Edward Bach fand heraus, dass eine einzelne Blüte genügt, um einen Heilungsprozess beim Menschen auszulösen.

Der Sonnenhut strahlt Freude und Ausgeglichenheit aus.

nicht mehr egal, was Sie denken und welche Pflanzen Sie im Garten verwenden.

Die Auflistung der nun angeführten Pflanzen ist bei Weitem nicht vollständig, die Charaktereigenschaften geben Ihnen aber einen kleinen Einblick in die Welt der Pflanzen und deren Wirkung auf uns Menschen.

Bei der Beschreibung der nun folgenden Bäume, Sträucher und Stauden habe ich folgende Kriterien berücksichtigt:

- Die Einleitung nach Yin und Yang
- Der Standort: Sonne, Halbschatten oder Schatten
- Ist die Pflanze einheimisch
- Die Farbe der Blüten und / oder Blätter
- Der Zeitpunkt der Blüte
- Die Größenangabe: Bei den Sträuchern wird zwischen Kleinstrauch (bis 1,5 m), Mittelstrauch (2 bis 4 m) und Großstrauch (über 4 m) unterschieden
- Die verträglichen Nachbarn bei den Staudenbeeten
- Die Beschreibung des inneren Charakters: Wie wirkt die Pflanze gefühlsmäßig auf mich und was macht sie mit meinem Garten. Der Charakter einer Pflanze und ihre Wirkung auf uns Menschen ist einer der stärksten Aspekte der Feng-Shui-Gartenplanung.
- Günstige Orte im Garten: Bei jeder Pflanze ist der Bezug zur Bagua-Zone gegeben und als zweiter Hinweis ist die günstige Himmelsrichtung für diese Pflanze vermerkt. Sie haben somit zwei gleichwertige Möglichkeiten, die Pflanze im Garten einzusetzen. Diese Ortsangaben müssen nicht mit den Standortansprüchen der Pflanze übereinstimmen. Vorsicht: Die Himmelsrichtung Süden hat im Garten weit mehr Schatten als die Himmelsrichtung Norden!!

Efeu kann sehr alt werden. Sein Charakter beruht auf der Langsamkeit.

Bäume und ihre Eigenschaften

BIRKE

Betula pendula

Yin. Standort: Sonne und Halbschatten. Raschwüchsig mit auffälliger Herbstfärbung. Einheimisch. Weiße, im Alter rissige Rinde. Nur in Solitärgruppen pflanzen. Höhe: bis 20 m.

CHARAKTER: Die Birke ist einer der weiblichsten Bäume. Ihre Art vermittelt Leichtigkeit und Bewegung im Garten. Birken die Krone zu kappen, ist eine leider oft praktizierte Angewohnheit, aber für den Baum ein sehr unangenehmer Eingriff.

Voll entfaltete Birken haben sehr viel Ausstrahlung und symbolisieren die Unterstützung des Yin.

Geeignet für die Kinder- und Reichtumszone. Günstige Himmelsrichtungen: O, SO, W, NW.

BUCHE

Fagus sylvatica

Yin. Standort: Sonne und Schatten. Einheimisch: Farbe der Blüten unscheinbar. Höhe: bis 25 m.

CHARAKTER: Das Wort Buchstaben stammt von Buchen-Stäbchen, mit denen früher alte Schriftzeichen wie die Runen gelegt wurden. Die Buche gilt als Mutter des Waldes und hat demnach sehr viele weibliche Anteile. Sie steht für Mut, Kraft, mütterliches beschützendes Element, Klarheit aber auch Strenge.

Geeignet für die Partnerschaftszone, den Kinder- und den Wissensbereich. Günstige Himmelsrichtungen: SW, W und NO.

WALNUSS

Juglans regia

Yin. Standort: Sonne und kalkhaltige warme Böden. Einheimisch. Farbe: unscheinbare grünliche Blüte von April bis Mai. Höhe: 15 m, auch in der Breite! Der dicht belaubte Baum lässt wegen der Gerbstoffe in den Blättern kaum eine andere Pflanze unter sich aufkommen.

CHARAKTER: Der Nussbaum fördert die Zurückgezogenheit und das Einzelgängertum. Wal bedeutet fremd.

Der Walnussbaum hilft Ihnen, sich von jenen äußeren Einflüssen zu trennen, die von der Intuition ablenken. Er fördert die Eigenständigkeit und erweitert den eigenen Horizont.

Geeignet für die Wissenszone. Günstige Himmelsrichtung: NO.

BLASENBAUM

Koelreuteria paniculata

Yin. Standort: Sonne. Farbe: gelbe 40 cm lange Rispenblüten von Juli bis August. Lampionförmige Fruchtkapseln. Höhe 4 – 6 m. Bienenweide.

CHARAKTER: Der Blasenbaum steht für Fruchtbarkeit und Geldsegen. Mit seinen üppigen gelben Blüten bringt er viel Charisma in den Garten. Die Fruchtkapseln, die im Wind leise rascheln, stehen für Fruchtbarkeit und Kindersegen.

Wenn Sie mit Geld besser umgehen wollen, dann kann Sie die Kraft dieses Baumes dabei unterstützen.

Günstige Orte im Garten: Bagua-Bereiche Kinder und Reichtum. Günstige Himmelsrichtungen: SO und W.

MAGNOLIE

Magnolia kobus

Yin. Standort: Sonne und Halbschatten. Farbe: exotische, 15 cm große, weiße Blüten vor dem Laubaustrieb im April und Mai. Kleinbaum.

CHARAKTER: Anmut, Schönheit und den Zauber des Exotischen bringt die Magnolie in Ihren Garten. Vor allem in schwierigen Zeiten kann Sie die Magnolienblüte wieder aufbauen und ermutigen, weiterzumachen.

Hilfreiche Unterstützung in Bezug auf Lebensfreude und Kraft sowohl im Privat- und Geschäftsbereich wird durch Magnolien gefördert. Sie steht symbolisch für den Mentor im Leben.

Geeignet für die Zonen Hilfreiche Menschen und Karriere. Günstige Himmelsrichtungen sind: NW und N.

APFEL

Malus

Yin. Standort: Sonne. Einheimisch. Farbe: weiße und rosa Blüten, je nach Sorte von Mai bis Juni. Höhe des Apfelbaumes bis 10 m.

Nachbarn: andere Obstbäume im Mindestabstand von 6 m.

CHARAKTER: Der Apfel verkörpert das Symbol der Liebe und des Lebens. Da er auch als Paradiesbaum gilt, wird der Apfelbaum als Vermittler zwischen Erde und Kosmos gesehen. Im Garten fördert er Eigenschaften wie Erdbezogenheit, Fruchtbarkeit, Hilfsbereitschaft und Toleranz.

Geeignet für die Zone Hilfreiche Menschen und den Familienbereich. Günstige Himmelsrichtungen. SW, NO, Zentrum.

AHORN

Acer platanoides

Yang. Standort: Sonne und Halbschatten. Farbe der Blüten unscheinbar blassgelb. Intensive Herbstfärbung Höhe: 20 bis 30 m.

CHARAKTER: Spitzahorn hat ungebändigte Ausbreitungstendenzen und unterstützt Menschen, die auf Expansion sehr viel Wert legen. Wenn Sie beruflich wie privat glauben, Sie haben bereits die Decke erreicht und es kommt nichts mehr Neues, dann zeigt Ihnen der Spitzahorn, dass dem nicht so ist. Ahorn symbolisiert die Freiheit und das Recht auf eine eigene Identität.

Geeignet für den Ruhmbereich. Günstige Himmelsrichtung: S.

ZIERAPFEL

Malus aldenhamensis

Yang. Standort: Volle Sonne. Farbe: weithin leuchtende, tiefrote, üppige Blüten von April bis Mai. Reichhaltiger essbarer Fruchtschmuck im Herbst, der in Form von kleinen roten Äpfelchen den Baum zum Leuchten bringt. Höhe: 3 bis 6 m.

CHARAKTER: Im Gegensatz zu den bekannten Obstarten, die sehr erdverbunden sind, ist der Zierapfel stark nach außen gerichtet. Er bringt Bewegung in jeden Bagua-Bereich und löst Stagnationen im Leben auf. Mit seiner Üppigkeit in Blüte und Frucht ist er ein hervorragendes Symbol für Reichtum.

Geeignet für die Hilfreichen Menschen und auch die Reichtumsecke. Günstige Himmelsrichtungen: N und SO.

GOLDAKAZIE

Robinia pseudoacacia 'Frisia'

Yang. Standort: volle Sonne und wärmebedürftig. Farbe: goldgelb gefärbte Blätter.

Sehr starkwüchsiger Baum, der eine Höhe von bis zu 15 m erreichen kann.

CHARAKTER: Die Goldakazie unterstützt einen vernünftigen Umgang mit Geld und materiellen Gütern. Vorausschauendes Denken und Planen wird von ihr gefördert. Sie verstärkt die eigenständige Entscheidungskraft und stärkt Menschen, die sich leicht beeinflussen lassen.

Geeignet für den Karrierebereich und die Reichtumsecke. Günstige Himmelsrichtungen: N, SO.

EBERESCHE

Sorbus aucuparia

Yang. Standort: Sonne und Halbschatten. Einheimisch. Farbe: weiße Blüten im Mai. Viele hellrote Früchte von August bis September. Höhe: 5–10 m.

CHARAKTER: Die Eberesche unterstützt das Gruppengefühl. Sie vermittelt Lebensfreude und ist sehr gefühlvoll. Wenn Sie ein einseitig rationaler oder nur intuitiver Mensch sind, dann kann die Eberesche diese beiden Gegensätze vereinen.

Geeignet für die Partnerschaftszone. Günstige Himmelsrichtung: SW.

Sträucher und ihre Eigenschaften

FELSENBIRNE

Amelanchier lamarckii

Yin. Standort: Sonne und Halbschatten. Farbe: weiße Blütenrispe von April bis Mai. Wunderschöne Blattfärbung und rote, essbare Beeren im Herbst. Vögel und Bienen lieben diesen Strauch. Mittelstrauch.

CHARAKTER: Die Felsenbirne ist eine lieblich zarte Yin Pflanze, die als Einzelstrauch einen sehr eleganten und grazilen Eindruck macht. Sie fördert das Feingefühl, die Sanftheit, die Wahrnehmung von Botschaften zwischen den Zeilen und das Einfühlungsvermögen. Selbst im Herbst wirkt sie mit ihrem roten Laub zurückhaltend und bescheiden.

Geeignet für die Wissenszone und den Partnerschaftsbereich. Günstige Himmelsrichtungen: NO und SW.

BUCHS

Buxus

Yin. Standort: Schatten und Sonne. Immergrün. Einheimisch. Klein- bis Mittelstrauch, der sehr langsam wächst, jedoch einige hundert Jahre alt wird.

CHARAKTER: Buchs hat eine sehr starke Verbindung zur Erde und fokussiert und bündelt die Kraft in einem Garten. Kugelig geschnittener Buchs wirkt beruhigend und ist als Wächter links und rechts vor Eingängen ideal geeignet. Buchs kann sehr alt werden und steht für die Verlangsamung der Zeit. Durch seine ledrig glänzenden Blätter wirkt er jedoch immer frisch und jung.

Geeignet für den Eingang, die Wissenszone und den Bereich Hilfreiche Menschen. Günstige Himmelsrichtungen: NO, W, NW.

BLUTROTER HARTRIEGEL

Cornus sanguinea

Yin. Standort: Sonne. Anspruchsloser Wildstrauch. Einheimisch. Farbe: weiße Blüte von Mai bis Juni. Schwarze Früchte. Mittelstrauch.

CHARAKTER: Wenn Sie an den Botschaften der Natur und ihrer Zusammenhänge interessiert sind, dann ist der Hartriegel ein guter Lehrmeister. Zurückhaltend und doch bestimmt, bringt er mit anderen Wildsträuchern Natürlichkeit in Ihren Garten.

Geeignet für Hilfreiche-Menschen-Bereich. Günstige Himmelsrichtung: NW.

HASELNUSS

Corylus avellana

Yin. Standort: Sonne und Halbschatten, anspruchslos. Einheimisch. Farbe: zartgelbe Blütenkätzchen zeitig im Februar. Essbare Früchte. Großstrauch. Haselnussstäbe eignen sich als Wanderstock.

CHARAKTER: Die Haselnuss ist neben dem Holunder und der Eibe einer der stärksten erdenden Sträucher. Mit ihrer natürlichen und kräftigen Art und ihrer dichten Belaubung bietet sie Schutz vor Sicht, Wind, Staub und Lärm. Wenn Sie Geborgenheit suchen, dann pflanzen Sie Haselnußsträucher bei Ihrer Sitzecke.

Geeignet für die Partnerschaftzone, den Ahnen- und den Wissensbereich. Günstige Himmelsrichtungen: SW, NO und O.

HORTENSIE

Hydrangea macrophylla 'Bodensee'

Yin. Standort: Hortensien benötigen lichten Halbschatten und sauren Boden. Verwenden Sie jedoch keinen Torf, da dieser ökologisch nicht vertretbar ist. Torfersatz ist eine Alternative.

Die doldenförmigen Blüten in Weiß, Rosa und Blau blühen sehr schön von Juni bis September. Die Hortensie zählt zu den Kleinsträuchern.

CHARAKTER: Kontemplation und innere Einkehr sind die Eigenschaften der Hortensien. Die regelmäßige Pflege dieser Pflanzen steht symbolisch für die nötige Reinhaltung unserer Innenwelt.

Hortensien beruhigen den Geist und unterstützen die Meditation und andere Übungen für die Reise nach Innen.

Geeignet für die Wissenszone, den Karrierebereich und außerdem den Ahnenbereich.

Günstige Himmelsrichtung: NO.

KOLKWITZIE

Kolkwitzia amabilis

Yin. Standort: Sonne. Farbe: glockige, zartrosa Blüten von Mai bis Juni. Mittelstrauch.

CHARAKTER: Mit der Kolkwitzie wird der mütterliche Aspekt im Garten gestärkt. Sie behütet jenen Bereich, in dem sie wächst und vermittelt Geborgenheit. Die Kolkwitzie ist für Kinder ein sehr wichtiger Strauch.

Eigenschaften wie Intuition, Weitblick und Sanftheit werden im Garten gestärkt.

Geeignet für die Partnerschaftszone und den Kinderbereich. Günstige Himmelsrichtungen: SW, W und NW.

STRAUCHPFINGSTROSE

Paeonia arborea

Yin. Standort: Halbschatten. Farbe: übergroße, rote, weiße und gelbe Blüten von Mai bis Juni, Kleinstrauch. Windschutz wichtig.

CHARAKTER: Die Strauchpfingstrose ist ein Glücksbringer unter den Pflanzen und wird schon seit 2000 Jahren gezüchtet. Sie gilt als ausgesprochene Liebhaberpflanze und hat sehr viel Tradition. Wenn Sie eine Bagua-Zone vom Thema sehr stark beschäftigt, dann können Sie Paeonien verwenden.

Geeignet für die Wissenszone, das Zentrum und den Reichtumsbereich. Günstige Himmelsrichtungen: NO und SO.

JASMINSTRAUCH

Philadelphus (Bild rechts)

Yin. Standort: Sonne und Halbschatten. Farbe: reich blühender weißer Mittelstrauch von Juni bis Juli. Stark duftend. Als Blütenhecke geeignet.

CHARAKTER: Mit seiner üppigen Blüte und dem starken Duft erinnert Jasmin an die unbeschwerte Vergangenheit als Kind und an die Zeit, als alles grenzenlos vorhanden war. Gerüche in Kombination mit der Farbe weiß können an längst vergessene Dinge erinnern.

Geeignet für die Kinderzone. Günstige Himmelsrichtungen: W und NW.

KIRSCHLORBEER

Prunus laurocerasus

Yin. Standort: Halbschatten und Schatten. Farbe: immergrün, Bienenweide. Farbe: weiße Blütentrauben von Mai bis Juni, Klein- bis Mittelstrauch

CHARAKTER: Mit seinen glänzenden immergrünen Blättern bringt der Kirschlorbeer die Themen Langlebigkeit und Gesundheit in Ihren Garten. Sind alle acht Bereiche des Gartenbaguas aktiv und in die Gestaltung mit einbezogen, kann der neunte Bereich, die Gesundheit aktiviert werden.

Geeignet für das Zentrum und den Ahnenbereich. Günstige Himmelsrichtung: O.

HOLUNDER

Sambucus nigra

Yin. Standort: Sonne und Halbschatten. Farbe: gelblichweiße Blüte von Mai bis Juni. Früchte auch für Konfitüre, Fruchtsäfte, Wein, Likör und Sekt. Einheimischer Großstrauch.

CHARAKTER: Holunder hat eine alte Tradition als Schutzstrauch und unterstützt neben dem Haus gepflanzt dessen Bewohner. Neben der Hasel und der Eibe ist der Holunder ebenfalls eine stark erdende und zentrierende Pflanze.

Geeignet neben dem Kompost, für die Partnerschaftszone und den Wissensbereich. Günstige Himmelsrichtungen: SW und NO.

EDELFLIEDER

Syringa-Hybriden

Yin. Standort: Sonne. Einheimisch. Farbe: purpurrote, rosa, lila und weiße, intensiv duftende Blüten von Mai bis Juni. Klein- bis Großstrauch.

CHARAKTER: Flieder nimmt eine Sonderstellung im Pflanzenreich ein, da er weder von seiner Wuchsform noch von seiner Farbe eingeteilt wird. Seiner inneren Ausstrahlung ist es zu verdanken, dass er Friedensstifter ist, der beruhigend wirkt und versöhnlich stimmt.

Für die Partnerschaftszone der ideale Strauch. Günstige Himmelsrichtung: SW.

EIBE

Taxus baccata

Yin. Standort: Sonne und Schatten. Immergrün. Verlangt guten Gartenboden, ist aber sonst anspruchslos und sehr robust. Mittelstrauch. Farbe: roter Beerenschmuck mit giftigem Kern. Einheimisch. Als immergrüne Hecke gut geeignet.

CHARAKTER: Es gibt kein Gehölz, das mehr erdende und stabilisierende Wirkung hat. Die Eibe hat einen starken Fokuspunkt nach unten und zentriert sowohl den Garten als auch die Menschen, die ihn benutzen. Ähnliche Eigenschaften haben Haselnuss und Holunder.

Geeignet für die Wissenszone und den Partnerschaftsbereich. Günstige Himmelsrichtungen: SW und NO.

SCHNEEBALL

Viburnum opulus 'Roseum'

Yin. Standort: Sonne und Halbschatten. Farbe: ballförmige, leicht duftende, weiße Blüten von Mai bis Juli. Mittelstrauch.

CHARAKTER: Verwenden Sie Schneeball, wenn Sie die Dinge auf den Punkt bringen wollen. Er ist richtungsweisend und hilft Ihnen, Ziele besser zu formulieren. *Viburnum* wird in der Homöopathie als Frauenheilmittel eingesetzt. Ein idealer Strauch, der unterstützend wirkt für Kinder, die ohne Vater aufwachsen.

Geeignet für die Zone Hilfreiche Menschen und den Kinderbereich. Günstige Himmelsrichtungen: W und NW.

SOMMERFLIEDER

Buddleja davidii

Yang. Standort: Sonne. Farbe: purpur, rosa, zartlila und weiße Blütenrispe von Juli bis Oktober. Schmetterlingsweide. Raschwüchsiger Mittelstrauch. Jährlicher Rückschnitt erforderlich.

CHARAKTER: Unterstützt mit seiner Art die persönliche Durchsetzungskraft. Auch wenn er im Winter zurückfriert, treibt er im Frühjahr wieder aus. Wenn Sie sich nicht unterkriegen lassen wollen, dann ist diese Pflanze unterstützend. Standhaftigkeit, Mut und Schönheit sind die Eigenschaften des Sommerflieders.

Geeignet für die Reichtumszone und den Ruhmbereich. Günstige Himmelsrichtungen: O, SO, S.

ZIERQUITTE

Chaenomeles-Hybriden, Sorte 'Rubra Grandiflora'

Yang. Standort: Sonne und Halbschatten. Benötigt guten Gartenboden und ist als Blühhecke geeignet. Farbe: weiße, rosa und ziegelrote Blüte je nach Sorte von März bis Mai. Klein- bis Mittelstrauch.

CHARAKTER: Sanfte Unterstützung bringt die Zierquitte bei Vorhaben, die Aktivität und Antrieb benötigen, jedoch nicht zu schnell gehen sollen. Projekte, für die Stetigkeit und langsames Wachstum nötig sind, werden von der Zierquitte unterstützt.

Geeignet für den Ruhmbereich und die Partnerschaftszone.

Günstige Himmelsrichtungen: S und SW.

FORSYTHIE

Forsythia × intermedia 'Lynwood Gold'

Yang. Standort: Sonne und Halbschatten. Farbe: zeitige gelbe Blüte vor dem Laubaustrieb. Anspruchsloser Mittelstrauch.

CHARAKTER: Verläuft ihr Leben kompliziert, dann bringt die Forsythie mit ihrer Einfachheit und Anspruchslosigkeit Ruhe in ihr Leben. Zuviel von dieser Pflanze kann jedoch ein eintöniges Leben symbolisieren.

Beispiellos ist die Startkraft dieser blühfreudigen Pflanze, die Kinder wie Erwachsene in ihrer Entwicklung fördert.

Geeignet für den Wissensbereich und die Partnerschaftszone. Günstige Himmelsrichtungen: NO und SW.

EIBISCH

Hibiscus spec.

Yang. Standort: volle Sonne. Farbe: große Trichterblüten in Weiß, Rosa, Rot und Blau von Juli bis September. Mittelstrauch.

CHARAKTER: Mit seinem aufrechten buschigen Wuchs gibt *Hibiscus* einem Garten das Gefühl der Aufrichtigkeit und Geradlinigkeit. Wenn Sie nicht gerne um den langen Brei herumreden und rasch zur Sache kommen wollen, dann unterstützt *Hibiscus* diese Eigenschaften. Er wirkt ausgleichend auf Menschen, die zu wenig Realitätsbezug haben.

Geeignet für den Karrierebereich und den Eingang in den Garten. Günstige Himmelsrichtung: N.

RANUNKELSTRAUCH

Kerria japonica

Yang. Standort: Sonne und Schatten. Farbe: gelber Dauerblüher von Juni bis Juli. Mittelstrauch.

CHARAKTER: Mit seinen hellgrünen aufrechten Zweigen bringt der Ranunkelstrauch vor allem im Winter stark vertikale Strukturen in den Garten und steht symbolisch für Extrovertiertheit, Expansion und Durchsetzungskraft.

Geeignet für die Zone Hilfreiche Menschen, den Ruhmbereich und die Reichtumszone. Günstige Himmelsrichtungen: SO, S und NW.

FEUERDORN

Pyracantha 'Saphyr Rouge'

Yang. Standort: Sonne und Halbschatten. Bienenweide und Vogelschutzgehölz. Farbe: weiße breite Blütendolden von Mai bis Juni. Roter und orangegelber Beerenschmuck im Herbst. Mittelstrauch.

CHARAKTER: Der Feuerdorn ist *die* Yang-Pflanze und bringt so manche müde Zone im Garten zum Leuchten. Voraussetzung dafür ist allerdings, dass genügend Sonne und Wärme am Standort im Garten vorhanden ist.

Diese sehr extrovertierte Pflanze kann helfen, sich auszudrücken und seine Meinung kundzutun. Ideal ist sie daher für Menschen, die sich durchsetzen müssen oder sprachlich sehr aktiv sind.

Geeignet für den Ruhmbereich. Günstige Himmelsrichtung: S.

Kletterpflanzen und ihre Eigenschaften

WALDREBE

Großblumige Gartenhybriden *Clematis viticella* 'Venosa Violacea' oder *Clematis montana* 'Rubens'

Yin. Standort: Sonne, Halbschatten und Schatten. Einheimisch. Farbe: alle Farbrichtungen. Blüte von Mai bis September, Schlinger. Benötigt im Wurzelbereich Schatten. Am besten eine Schatten spendende Staude davor setzen (z.B. Funkien, Bergenien)

CHARAKTER: Kleinblumige Wildarten und großblumige Gartenformen geben der Waldrebe ein abwechslungsreiches Erscheinungsbild. Wenn Sie aus dem Alltagstrott ausbrechen möchten, dann verwenden Sie mehrere Sorten dieser Pflanze. Die Waldrebe steht symbolisch für Zartheit und Stil.

Geeignet für den Eingangsbereich und die Karrierezone. Alle Himmelsrichtungen.

EFEU

Hedera helix

Yin. Standort: Sonne und Schatten. Haftscheiben. Immergrün.

CHARAKTER: Efeu wächst anfangs sehr langsam und bringt dementsprechend Ruhe in einen Garten. Einzigartig sind die komplett verschiedenen Blattformen bei jungen und alten Blättern. Efeu vermittelt mit seiner Yin-Kraft zwischen zwei Fronten und auch zwischen dem Diesseits und dem Jenseits.

Geeignet für die Wissenszone und den Bereich der Hilfreichen Menschen. Günstige Himmelsrichtungen: W, NW, NO.

KLETTERHORTENSIE

Hydrangea petiolaris

Yin. Standort: Halbschatten. Farbe: weiße Doldenblüten im Juli. Hortensien benötigen sauren Boden. Verwenden Sie aus ökologischen Gründen Torfersatz. Haftscheiben.

CHARAKTER: Mit ihrem langsamen Wuchs und ihren hübschen runden Blüten bringt die Kletterhortensie viel Ruhe in einen Garten. Im Halbschatten ist dieses Gewächs sicherlich die schönste Kletterpflanze, die die Eigenschaft besitzt, hitzige Gemüter abzukühlen.

Geeignet für die Karrierezone. Günstige Himmelsrichtung: N.

HISTORISCHE KLETTERROSE

Rosa 'Mme. Alfred Carriere' 1897

Yin. Standort: Sonne und Halbschatten. Farbe: rosa, rote, weiße und gelbe Blüten, die über einen sehr langen Zeitraum blühen und teilweise stark duften. Es gibt auch fast dornenlose Züchtungen. Höhe 2 – 6 m.

CHARAKTER: Wenn Sie Ihrem Garten eine edle und vornehme Note geben wollen, dann verwenden Sie historische Kletterrosen. Sind Ihnen Werte wichtig wie Loyalität, Aufrichtigkeit, Vertrauen und Verantwortungsbewusstsein, dann verwenden Sie historische Kletterrosen mit diesen Eigenschaften.

Geeignet für alle Zonen. Günstige Himmelsrichtungen: SW, NO, N, NW und W.

BLAUREGEN, GLYZINE

Wisteria spec.

Yin. Standort: Sonne, Farbe: blauviolette oder weiße, teilweise duftende Blüten von Mai bis Juni. Schlinger. Starker Blüten- und Laubfall. Rückschnitt der Langtriebe im Sommer erhöht die Blühfreudigkeit. Blauregen kann sehr alt werden und armdicke Stämme bilden. Höhe: bis 10 m. Ein stabiles Klettergerüst ist Voraussetzung.

CHARAKTER: Sie ist die Königin unter den Kletterpflanzen und bringt Ruhe und Frieden in einen Garten. Gleichzeitig steht Blauregen für Anmut, Schönheit und einen edlen Charakter. Sie stärkt jene Menschen, die diese Eigenschaften suchen.

Geeignet ist diese Pflanze für den Eingangsbereich und die Karrierezone. Günstige Himmelsrichtungen: N, O und SO.

TRICHTERTROMPETE

Campsis radicans

Yang. Die Trichtertrompete liebt eine Platz in der Sonne. Die scharlachroten bis lachsfarbenen Trichterblüten dieser Pflanze zeigen sich in den Monaten Juli und August.
Die Trichtertrompete ist ein Schlinger, der einen warmen Standort im Garten benötigt.

CHARAKTER: Die Jasmintrompete gibt mit ihren riesigen Blüten dem Garten einen extrovertierten Ausdruck. Mit dieser Pflanze zeigen Sie, dass Sie nichts verstecken müssen. Der extrovertierte Charakter stärkt Ihr Ego und macht gleichzeitig auf Sie aufmerksam.

Diese Pflanze ist für Menschen, die sich zu wenig zutrauen.

Geeignet für den Ruhmbereich. Günstige Himmelsrichtung: S.

SCHLINGENDES GEISSBLATT

Lonicera × brownii 'Scarlet trumpet'

Yang. Standort: Sonne und Schatten. Farbe: rote, gelbe und weiße duftende Blüten je nach Sorte zwischen Mai und September. *Lonicera henryi* ist immergrün und eine Alternative zu Efeu! Schlinger.

CHARAKTER: Das Geißblatt ist ein dankbarer Dauerblüher, der anspruchslos ist und so auch auf uns Menschen wirkt. Eine Pflanze, ideal geeignet für Menschen, die ihre Ziele zu hoch stecken.

Geeignet für die Partnerschaftszone, den Ahnenbereich und die Reichtumszone! Günstige Himmelsrichtungen: SW, O, SO.

WILDER WEIN

Parthenocissus tricuspidata 'Veitchii'

Yang. Standort: Sonne und Schatten. Herbstfärbung. Haftscheiben. Übernehmen die Formen eines Gebäudes. Höhe bis 20 m.

CHARAKTER: Wilder Wein ist rasch wüchsig und steht für Kraft und Dynamik verteilt über das ganze Jahr. Im Frühjahr bringt die Pflanze durch ihr schnelles Wachstum viel Bewegung in den Garten. Im Herbst ist es die intensive Verfärbung, die von fast keiner anderen Pflanze übertroffen wird, die Ihren Garten stärkt. Ideal für dynamische Menschen, die ihren eigenen Rhythmus wieder finden wollen.

Geeignet für die Reichtumszone und den Familienbereich. Günstige Himmelsrichtungen sind: O und SO.

SCHLINGKNÖTERICH

Polygonum aubertii

Yang. Der Schlingknöterich möchte einen Platz in der Sonne. Seine weißen Blütenrispen zeigt die Pflanze in den Monaten Juni, Juli, August und September. Der Schlingknöterich ist ein Schlinger.

CHARAKTER: Der Schlingknöterich ist jene Pflanze, die ihrem Garten Schnelligkeit und einen starken Impuls gibt. Bis zu 8 m hoch und sehr rasch wachsend begrünt sie in kurzer Zeit alles, was ihr in den Weg kommt. Für Mensch, die sich durchsetzen müssen. Geeignet für die Reichtumszone und den Bereich Stand und Ruhm.

Günstige Himmelsrichtungen: SO und S.

Stauden und ihre Eigenschaften

SCHAFGARBE

Achillea millefolium

Yin. Standort: Sonne. Farbe: weiße, goldgelbe und kirschrote Doldenblüten je nach Art Mai bis Oktober. Höhe: niedere Arten für Mauern und Steingärten 10–30 cm, hohe Arten 80–120 cm.

Nachbarn: niedere Arten: *Helianthemum, Festuca* und *Lavandula;* hohe Arten: *Lychnis, Phlox, Salvia.*

CHARAKTER: Weibliche Intuition, Einfühlungsvermögen und Stärke zeigen, wenn es nötig ist, sind die Eigenschaften der bekannten Schafgarbe. Je mehr Sie pflanzen, desto stärker wirkt sie.

Am besten kommen Schafgarben zur Geltung, wenn sie in einer allein stehenden Gruppe im Garten gesetzt werden.

Geeignet für die Partnerschaftszone und außerdem den Ruhmbereich. Günstige Himmelsrichtungen: S und SW.

BLAUKISSEN

Aubrieta campellii

Yin. Standort: Volle Sonne. Farbe: hellblaue, violette und rote Blüten von April bis Mai. Höhe 10 cm.

Nachbarn: *Arabis, Alyssum, Iberis* und *Iris pumila.*

CHARAKTER: Bei Blaukissen muss man sehr genau zuhören um sie zu verstehen. Hat man die Geduld einmal aufgebracht, dann sind sie Friedensstifter und bringen Ruhe bei heftigen Emotionen. Symbolisch ist diese hübsche Pflanze sehr eng mit Wasser verbunden.

Geeignet für die Karrierezone. Günstige Himmelsrichtung: N.

BERGENIE

Bergenia spec.

Yin. Standort: Sonne und Schatten. Wintergrün und sehr genügsam. Farbe: rosa bis rote Blüten von März bis April, Höhe: 30 cm. Nachbarn: *Epidemium, Hosta, Astilbe, Carex.*

CHARAKTER: Die Bergenie bringt Klarheit und Ruhe in den Garten. Mit ihren großen Blättern ist sie eine Erscheinung, die nicht übersehen werden kann. Zurückhaltende Weisheit ist die Kraft, die sie zu geben hat. In hektischen Zeiten wie diesen sollte diese Staude in keinem Garten fehlen.

Geeignet für die Wissenszone und den Eingangsbereich. Günstige Himmelsrichtungen: NO und N.

GLOCKENBLUME

Campanula spec.

Yin. Standort: Sonne. Farbe: blaue und weiße Blüten von Juni bis Juli. Höhe: niedere Arten für Mauern und Steingärten 10–20 cm, hohe Arten für Schnittblumen 60–80 cm.

Nachbarn: niedere Arten: *Arabis, Dianthus, Dryas;* hohe Arten: *Lilium*, Astilbe, *Aquilegia*.

CHARAKTER: Genügsamkeit und Anspruchslosigkeit vermitteln Glockenblumen im Garten. Wenn materielle Wünsche zu sehr im Vordergrund stehen und die inneren Werte wieder gepflegt werden sollen, ist Ihnen diese hübsche Staude eine große Hilfe auf dem Weg dorthin.

Geeignet für die Kinderzone und den Bereich Hilfreiche Menschen.

Günstige Himmelsrichtungen für diese Pflanze: W und NW.

STORCHSCHNABEL

Geranium spec.

Yin. Standort: Sonne und Halbschatten. Farbe: weiße, rosa, rote bis blaue Blüten von Mai bis September. Höhe: 10–50 cm.

Nachbarn: *Papaver, Oenothera, Coreopsis.*

CHARAKTER: Wenn Sie gerne die Fäden in der Hand halten, dabei aber nicht gerne im Rampenlicht stehen möchten, dann verwenden Sie *Geranium* in Ihrem Garten und zwar nicht zu wenig. Der Storchschnabel vermittelt Zurückhaltung und eine gesunde Portion Egoismus.

Geeignet für die Karrierezone und den Wissensbereich. Günstige Himmelsrichtungen: N und NO.

SCHLEIERKRAUT

Gypsophila spec.

Yin. Standort: Sonne und trocken. Farbe: rosa und weiße, kleine Massenblüten von Mai bis August. Höhe: *G. repens* bis 10 cm und *G. paniculata* bis 80 cm.

Nachbarn: kl. Schleierkraut: *Lithodora, Campanula*, gr. Schleierkraut: *Coreopsis, Geranium.*

CHARAKTER: Das Schleierkraut verkörpert das Weiche, das sich durchsetzen kann. Der geschwungene Weg führt auch zum Ziel und meist ohne Zwischenfälle. Das Schleierkraut hilft Ihnen, durch das Leben ohne Hast zu gleiten und mit Problemen müheloser umzugehen.

Geeignet für die Kinderzone, den Bereich Hilfreiche Menschen und die Zone Karriere. Günstige Himmelsrichtungen: W, NW und N.

FUNKIE

Hosta spec.

Yin. Standort: Sonne und Schatten. Farbe: weiße, violette bis rosa Blüte von Juni bis September. Höhe 50–90 cm.

Nachbarn: Farne, *Cimicifuga, Digitalis, Astilbe*

CHARAKTER: Funkien haben die Eigenschaft, hochgefahrene Emotionen in ein vertretbares Maß zu verwandeln. Der reißende Fluss wird zum lieblich plätschernden Bach. Funkien helfen auch bei Streit innerhalb der Familie und bei Konflikten mit den Nachbarn. Mit ihren gewellten Blatträndern stehen sie symbolisch für Kommunikation, Flexibilität und für die Gefühlswelt.

Geeignet für die Karrierezone und den Eingangsbereich, aber auch für die Reichtumszone. Günstige Himmelsrichtungen: N und SO.

SCHWERTLILIE

Iris sibirica

Yin. Standort: Sonne und Halbschatten sowie ein leicht saurer und feuchter Boden. Farbe: weiße, gelbe, blaue und violette Blüten im Juni. Höhe: bis zu 100 cm. Nachbarn: Astilbe, *Trollius, Hosta.*

CHARAKTER: Iris steht für das Fließende im Leben und vermehrt alles, was bereits vorhanden ist. Sie symbolisiert Anmut und Robustheit zugleich und verstärkt den natürlichen Charakter eines Menschen. Wenn Sie Kinderwunsch haben, dann sollte diese Pflanze in Ihrem Garten nicht fehlen. Eine sehr edle und wertvolle Pflanze.

Geeignet für die Karrierezone, den Kinderbereich und die Zone Hilfreiche Menschen. Günstige Himmelsrichtungen: W, NW, N.

HOHER GARTENPHLOX

Phlox

Yin. Standort: Sonne und Halbschatten. Farbe: rote, rosa, orange und weiße Blüten von Juli bis August. Höhe 40–120 cm.

Nachbarn: *Lilium, Hemerocallis, Helenium, Chrysanthemum leuc.*

CHARAKTER: Phlox ist eine sehr alte Pflanze und vermittelt traditionelle Werte aus einer vergangenen Welt. Traditionsbewusstsein, Rhythmen leben, im Einklang mit den Jahreszeiten leben, sind Themen, die der Phlox weitergibt. Kaum eine Staudenart wirkt so stark in der Gruppe in Bezug auf Farbenpracht und Massenwirkung wie Phlox.

Geeignet für die Hilfreichen Menschen und den Ahnenbereich. Günstige Himmelsrichtungen: NO, O.

IMMERGRÜN

Vinca minor (Bild rechts)

Yin. Standort: Halbschatten und Schatten. Farbe: hell- und dunkelblaue Blüten von April bis Juni. Höhe 10 cm.

Nachbarn: *Aruncus, Asperula, Astilbe.*

CHARAKTER: Bescheidene Zurückhaltung und weise Beobachtungsgabe vermittelt das Immergrün. Wenn Sie immer nur im Außen agieren, fehlt Ihnen die Innenschau. Es steht für den Zustand alleine und zurückgezogen sein, sein eigenes Leben Revue passieren lassen und sich einmal überlegen, wo man steht und wie es weitergehen soll.

Geeignet für die Wissenszone. Günstige Himmelsrichtung: NO.

ASTER, STERNBLUME

Aster spec.

Yang. Standort: Sonne. Farbe: rosa, lila und rote Sternblüten von Mai bis Oktober. Höhe 25–120 cm

Nachbarn: *Arabis, Iberis, Helenium* und auch *Rudbeckia.*

CHARAKTER: Die Astern bringen sowohl im Frühjahr als auch im Herbst den Garten zum Lachen. Menschen, die zu wenig Freude und Spaß im Leben haben, sollten Astern großzügig pflanzen.

Geeignet für den Ruhmbereich und die Partnerschaftszone. Günstige Himmelsrichtungen: S und SW.

KAISERKRONE

Fritillaria imperialis

Yang. Standort: Sonne und Halbschatten. Farbe: orangerote und goldgelbe Trichterblüten von März bis April. Höhe 80 bis 100 cm.

Nachbarn: *Primula, Trollius, Waldsteinia.*

CHARAKTER: Der Name ist für die Eigenschaft dieser Blume bezeichnend. Über den Dingen stehen und große Entscheidungen treffen, sind die Stichworte bei der Kaiserkrone. Bei den Stauden ist es die charakteristische Yang-Pflanze.

Geeignet für den Ruhmbereich. Günstige Himmelsrichtung: S.

TAGLILIE

Hemerocallis-Hybride 'Frans hals'

Yang. Standort: Sonne und Halbschatten. Farbe: orangegelbe Blüten von Juli bis September. Höhe: 90 cm. Nicht mehr als 5 Stk./m^2 setzen.

Nachbarn: *Miscanthus, Delphinium, Iris.*

CHARAKTER: Die Taglilie hilft Ihnen, sich auszudrücken und nach außen zu gehen. Sie verstärkt einen extrovertierten Charakter und unterstützt schüchterne Menschen. Wenn Sie etwas komplett neu beginnen möchten und vom Fundament aus neu aufbauen, dann bringt die Taglilie den nötigen Elan in Ihren Garten.

Geeignet für den Ruhm- und Ahnenbereich und die Partnerschaftszone. Günstige Himmelsrichtungen: O, S und SW.

LUPINIE

Lupinus spec.

Yang. Standort: Sonne. Farbe: fast alle Farben vorhanden. Blüte von Juni bis Juli. Höhe 60 bis 100 cm.

Nachbarn: *Chrysanthemum leuc., Aquilegia, Delphinium.*

CHARAKTER: Steht für Durchsetzungskraft und selbstbewusstes Handeln. Lupinen stärken das Selbstwertgefühl bei Menschen, die immer die Fehler bei sich selbst suchen.

Geeignet für die Ahnen- und Reichtumszone und den Ruhmbereich. Günstige Himmelsrichtungen: O, SO und S.

LAMPIONPFLANZE

Physalis alkekengi

Yang. Standort: Sonne und Halbschatten. Farbe: ballonartige, scharlachrote Fruchthüllen. Höhe 50 cm.

Nachbarn: *Inula, Lysimachia* und außerdem diverse Gräser.

CHARAKTER: Mit ihrem Fruchtschmuck stiehlt die Lampionpflanze im Herbst allen Pflanzen die Show. Wenn Sie einmal aus der Reihe tanzen und auffallen wollen, dann verkörpert die *Physalis* genau diese Eigenschaften. „Spät, aber doch" wäre ein passender Spruch für diese Pflanze, denn sie überrascht, wenn alle anderen schon auf Rückzug eingestellt sind.

Die Lampionpflanze steht außerdem auch für Geldsegen.

Geeignet für die Zone Reichtum und Ruhm und den Partnerschaftsbereich. Günstige Himmelsrichtungen: SO, S und SW.

Bambus, Chinaschilf, Farne

BAMBUS

Phyllostachys aurea (Bild rechts)

Yang. Standort: Sonne. Stark wachsende winterharte Bambusart mit goldgelben bis gelbgrünen Blättern und Stämmen. Höhe 2 – 4 m. Rhizomensperre wird dringend empfohlen.

CHARAKTER: Mit seinem aufrechten und starkem Wuchs und den hohlen Stäben bringt er sehr viel Bewegung in einen Garten. Wenn Sie Aufbruchsstimmung haben wollen, egal, ob privat oder in der Firma, dann unterstützt Sie Bambus ganz hervorragend.

Geeignet für die Reichtumszone und den Ruhmbereich. Günstige Himmelsrichtungen:O, SO, S.

CHINASCHILF

Miscanthus sinensis 'Silberfeder'

Yang. Standort: Sonne und Halbschatten. Farbe: besonders große silberweiße Blütenähren von September bis November. Höhe: 1,5 m.

CHARAKTER: Eigenschaften wie Flexibilität und nach oben streben gehören zu diesem Gras. Chinaschilf bringt Bewegung in jeden Bagua-Bereich und zeigt den Rhythmus der Jahreszeiten. Rhythmen zu leben, ist vor allem für Kinder und Haustiere sehr wichtig.

Geeignet für die Reichtumszone den Ruhm- und Ahnenbereich. Günstige Himmelsrichtungen: O, SO und S.

FARNE

z.B.: Trichterfarn *(Matteuccia pensylvanica)* oder Schildfarn *(Polystichum aculeatum)*

Yin. Standort: Halbschatten und Schatten. Benötigt nährstoffreichen und feuchten Boden. Einfach gefiederte Wedel, die trichterförmig angeordnet sind. Höhe 70 cm.

CHARAKTER: Farne verzaubern einen Garten und bringen die Stimmung hinein, die beim Märchen erzählen aufkommt. Die Zeit bleibt stehen und mit Hilfe der Farne begibt man sich in eine ganz andere Welt. Günstig zum Abschalten.

Geeignet für die Wissenszone und den Kinderbereich. Günstige Himmelsrichtungen: NO, SW, W.

Gartenzubehör

Der Pan als Fabelwesen verströmt Ruhe und Gelassenheit und ist gleichzeitig Wächter.

Im Garten-Feng-Shui werden Gestaltungselemente und Accessoires nicht nur wegen der Optik verwendet. Sie haben, ähnlich wie Pflanzen, eine innere Bedeutung, die sich auf die einzelnen Lebensbereiche des Baguas unterstützend anwenden lassen und die vorhandenen Kräfte ausgleichen. Das Gerücht, dass allein bei der Verwendung von Klangspielen, Spiegeln, Kristallen und anderen Dingen Feng Shui praktiziert wird, ist mit diesem Buch hoffentlich widerlegt worden. Es geht um viel mehr. Es handelt sich um ein Gesamtkonzept, bei dem der Mensch im Mittelpunkt steht. Wünsche, Ziele und Probleme werden zuerst besprochen und erst dann folgt ein gezieltes Einsetzen von Gestaltungselementen, Pflanzen und Accessoires im Garten-Feng-Shui.

Das Gartenzubehör macht einen Garten erst besonders und unterscheidet ihn von herkömmlichen privaten Grünflächen. Werden Accessoires nach den Prinzipien des Feng Shui angewandt, können sie aufbauende Energien im Garten verbreiten.

Im Folgenden werden die Einsatzmöglichkeiten und die Bedeutungen der Accessoires näher beschrieben.

WINDRÄDER

Mit Windrädern und Windsäcken, Spiralschlangen und anderen Dingen, die sich im Wind bewegen, erhält der Garten Aktivität. Sobald Wind spielerisch sichtbar gemacht wird, verliert er seine unangenehmen Seiten. Jede Bagua-Zone kann so belebt werden, vorausgesetzt, es ist kein Gerümpel und Chaos in diesem Bereich. Dies ist vor allem in festgefahrenen Situationen sehr hilfreich.

GEFÄSSE UND FIGUREN

Bei Figuren entscheidet in erster Linie das Motiv und das Material über die Wirkung. Stein- und Tongefäße verlangsamen den Garten und bringen Ästhetik, vorausgesetzt, sie wurden nicht als Massenware produziert. Dasselbe gilt für Figuren aus Stein und Ton. Holztröge und Holzfiguren symbolisieren mehr Yang und sind lebendiger als Stein und Ton.

KLANGSPIEL

Klang im Garten wird dann eingesetzt, wenn es einen Bereich gibt der belebt werden soll. Klang kann auch einen Baum im Garten harmonisieren, der zu viel Schatten macht und drückend wirkt. Achten Sie bei der Verwendung von Klangspielen darauf, dass sie gestimmt sind. Disharmonische Töne werden als unangenehm empfunden, auch wenn Sie kein musikalischer Typ sind.

SPIEGEL

In einem Feng-Shui-Garten bewirkt ein Spiegel eine Erweiterung und somit eine Aufwertung der jeweiligen Bagua-Zone. Beispielsweise wird das Thema Partnerschaft durch einen Spiegel in Bewegung gebracht. Dies kann eine Veränderung der Beziehung bewirken, da in dieser Zone Stagnation aufgelöst wird. In Kombinati-

Licht im Garten kann auch geheimnisvoll sein.

on mit einer rot oder gelb blühenden Blumengruppe ist ein erster Schritt in Richtung Aufwertung getan. In der Bagua-Zone Wissen sollten Sie keine Spiegel verwenden. Spiegel können in Kombination mit Licht auch frei im Garten aufgestellt werden. Dadurch werden dunkle und nicht so vitale Bereiche des Gartens harmonisiert.

ROSENKUGELN

Rosenkugeln sollten niemals alleine aufgestellt werden, da sie sonst ihre Wirkung verfehlen. Zwei Rosenkugeln stehen symbolisch für ein Eingangstor. Eine Gruppe in einer Spirale angeordnet steht für die universelle Kraft zwischen Erde und Himmel. Bei der Farbe sind Gelb, Orange, Gold, Silber und Weiß vorteilhaft. Blau ist noch möglich, hat jedoch nicht die Wirkung. Überhaupt keine Aufwertung Ihres Gartens erhalten Sie mit grünen und roten Rosenkugeln, da diese zwischen Form und Farbe Spannung erzeugen.

SKULPTUREN UND STATUEN

Engel, Nymphen, Feen aus den unterschiedlichsten Materialien verwandeln einen Garten in einen Märchengarten. Die Stimmung wird dadurch sehr lieblich und erhält einen sehr feinen Charakter. Vermeiden Sie Gottheiten und Helden mit finsteren Gesichtern oder mit Waffen in den Händen. Wilde Tiere wie Leoparden, Löwen und andere sind im Garten ebenfalls nicht günstig. Die einzige Ausnahme bildet der Eingang. Hier bieten diese Tiere Schutz vor der Außenwelt. Vögel als Symbol für den Phönix, Schildkröte und Drachen als Symbol für Sicherheit, Glück und Wohlstand können Sie entsprechend der vier Tiere immer einsetzen. Den Tiger sollten Sie nicht mit einer Skulptur darstellen, da dieser nicht aktiviert werden sollte. Zwei Liebende in der Partnerschaftszone in Form einer Skulptur sind natürlich sehr förderlich.

KUNST IM GARTEN

Leider ist die Kunst kaum in privaten Gärten vertreten. Sie stellt aber eine sehr starke Form der günstigen Veränderung des Ch'i-Flusses dar und ist daher sehr zu begrüßen. Bei jeder Art von Kunst ist zu beachten, dass Sie sich über die Künstlerin oder den Künstler informieren sollten, was für ein Mensch er oder sie ist. Sie holen sich die Kraft dieses Menschen in den Garten herein und dies kann eine starke energetische Komponente darstellen.

VOGELTRÄNKEN UND VOGELHÄUSCHEN

Trink- und Futteranlagen für Vögel beleben einen Platz im Winter wie im Sommer und sollten in keinem Garten fehlen. Durch die ständige Bewegung der Vögel, können die Vogelhäuschen einen Fehlbereich des Hauses sehr gut ausgleichen, indem man den Fluchtpunkt der Gebäudekanten dafür verwendet. Ersetzen Sie einen Futterplatz im Sommer durch ein Vogelbad.

PERGOLEN UND GARTENBAUTEN

Pergolen sind richtungsweisend und lenken das Ch'i im Garten. Sie geben dem Garten Ruhe und Entspannung. Die Proportionen dieser Gartenhäuschen sollten mit der Größe und Form des Gartens und des Hauses harmonisieren. Eine Pergola sollte nicht gerade auf eine Haustür hinweisen, da sonst ein Korridoreffekt entsteht.

Windräder können schnell einmal einen Bereich aktivieren.

Register

Fette Seitenzahlen verweisen auf Abbildungen.

Mit 111 Farbfotos von
Fotodienst Fehn, Lage: 30, 47, 62; Ulrich Niehoff, Bienenbüttl: 40, 41 (u); Robert Pap, Wien, Österreich: 9, 56 (alle drei), 57 (alle vier); Manfred Pforr, Langenpreising: 4 (o, ure) 12 (re), 13 (beide), 14, 17 (beide), 18 (beide), 21 (klein), 25 (li), 26 (beide), 29 (u), 43, 52 (beide), 53 (beide), 58 (li), 59, 68, 70, 74, 75 (o), 76 (beide), 77, 79 (u), 80, 81, 82, 85 (beide), 86, 87 (beide); Wolfgang Redeleit, Bienenbüttel: 1, 11 (o), 41 (o), 51 (o), 61 (u), 69 (ore), 73, 75, (u), 77, 89 (u); Hans und Nils Reinhard, Heiligkreuzsteinach-Eiterbach: 2/3, 4 (li), 5, 7, 8, 10, 20/21, 22 (li), 23, 24, 28, 31 (beide), 44, 45 (beide), 46, 49 (beide), 50, 54, 55, 63 (beide), 64, 65, 67, 71, 72, 78, 80, 84, 88, 89 (o); Jutta Schneider, Malsburg: 6/7, 11 (u), 12 (li), 15 (beide), 22 (re), 25 (re), 27 (beide), 29 (o), 39, 42/43, 58 (re), 60,61 (o), 66/67, 69 (ure), 76 (o); Ulrike Schneiders, Breitbrunn: 16.
Mit 17 Illustrationen von Ruth Fritzsche, Offenburg.

Umschlaggestaltung von Atelier Reichert, Stuttgart unter Verwendnung von 12 Farbfotos. Vorderseite: GartenBildagentur/GPL Au/Hallertau: II. Reihe mi; Reinhard-Tierfoto, Heiligkreuzsteinach-Eiterbach: I. Reihe li, re, II. Reihe re; Wolfgang Redeleit, Bienenbüttel: III. Reihe li; Gartenschatz, Stuttgart: I. Reihe mi, II. Reihe li, III. Reihe mi, re. Rückseite: alle Gartenschatz, Stuttgart.

Mit 120 Farbfotos und 17 Farbillustrationen.
Gedruckt auf chlorfrei gebleichtem Papier.

Bibliografische Informationen der Deutschen Bibliothek
Die Deutsche Bibliothek verzeichnet diese Publikation in der Deutschen Nationalbibliografie; detaillierte bibliografische Daten sind im Internet über http://dnb.ddb.de abrufbar.

ISBN-13: 978-3-440-10672-3
ISBN-10: 3-440-10672-1
Lektorat: Angelika Throll-Keller und Markus Wittenzeller
Grundlayout: Atelier Reichert, Stuttgart
Produktion: Typomedia, Ostfildern
Printed in Slovak Republic / Imprimé en République Slovaquie

Alle Angaben in diesem Buch sind sorgfältig geprüft und geben den neuesten Wissensstand bei der Veröffentlichung wieder. Da sich das Wissen aber laufend weiterentwickelt und vergrößert, muss jeder Anwender prüfen, ob die Angaben nicht durch neuere Erkenntnisse überholt sind. Dazu muss er zum Beispiel Gebrauchsanweisungen und Gesetze beachten.

WIDMUNG

Dieses Buch ist nicht mein erstes Werk und ich wusste daher, wieviel Arbeit auf mich zukommen wird. In diesem Fall wurde die Arbeit aber zur Freude, da die Unterstützungen vom Kosmos-Verlag und von meiner privaten Lektorin unwahrscheinlich bereichernd und motivierend waren. Neben der fachlichen Betreuung ist daneben auch zwischenmenschlich sehr viel Angenehmes passiert. Das vorliegende Buch stimmt mich wirklich sehr zufrieden, da ich dabei offene und herzliche Menschen kennenlernen durfte.

Ganz herzlich bedanken möchte ich mich bei meiner Lektorin Renate Berner, die mit ihrem klaren Blick für das Wesentliche einen wichtigen Baustein für dieses Buch gelegt hat.

Der Grafikerin Ruth Fritzsche gratuliere ich zu der gelungenen Umsetzung meiner Ideen zu den vorliegenden Zeichnungen.

Dieses Buch zu schreiben benötigte viel Zeit, viel mehr Zeit als ich eigentlich investieren wollte. Meiner langjährigen Partnerin Friedgard widme ich dieses Buch, in tiefem Dank für die Unterstützung.

Ihnen, liebe Leserin und lieber Leser, wünsche ich jene Kraft, um die Ideen dieses Buches in Ihrem Feng-Shui-Garten auch in die Tat umzusetzen.

Robert Pap

Haben Sie Interesse an einer Feng Shui Beraterausbildung oder an einer Beratung im Bereich Firma, Haus oder Garten dann kontaktieren Sie mich bitte.

**Feng Shui Institut ,
Robert Pap
Scherffenberggasse 1/19
A-1180 Wien
Tel. +43 664 1108598
E-Mail: robert.pap@lebensraumoptimierung.com
www.lebensraumoptimierung.com**